DE LA DESTRUCTION

DES

ÉTANGS MARÉCAGEUX ET INSALUBRES,

PAR

M. ALPHONSE DE PISTOYE,

Chef de bureau au Ministère des Travaux publics, ancien avocat au barreau de Paris.

Extrait de l'École des communes.

PARIS,
IMPRIMERIE ET LIBRAIRIE ADMINISTRATIVES
DE PAUL DUPONT,
RUE DE GRENELLE SAINT-HONORÉ, 55.

1849

DE LA DESTRUCTION

DES

ÉTANGS MARÉCAGEUX ET INSALUBRES,

PAR

M. ALPHONSE DE PISTOYE,

Chef de bureau au Ministère des Travaux publics, ancien avocat au barreau de Paris.

Extrait de l'École des communes.

PARIS,

IMPRIMERIE ET LIBRAIRIE ADMINISTRATIVES DE PAUL DUPONT,

Rue Grenelle-Saint-Honoré, 55.

1849.

TABLE DES MATIÈRES.

CHAPITRE V.

DE LA DESTRUCTION

DES

ÉTANGS MARÉCAGEUX ET INSALUBRES.

ENTRÉE EN MATIÈRE.

1. En France, plus que dans tout autre État de l'Europe peut-être, la bonne distribution des eaux devrait assurer la fertilité et la salubrité publique; car la situation heureuse de notre pays, placé dans une température moyenne, lui assure les avantages d'un climat éminemment propre aux cultures les plus variées. Les hivers amoncellent sur nos montagnes des neiges qui, aux jours de l'été, descendent dans les plaines en torrents et en ruisseaux, dont les eaux peuvent féconder l'agriculture; aussi la France est-elle sillonnée par un réseau de fleuves, de rivières, de ruisseaux et de sources d'eaux vives qui peuvent décupler sa production en tous genres; et pour l'écoulement de nos produits agricoles, vignicoles et autres, nous avons au midi, au nord et à l'ouest des mers qui, grâce à la vapeur, sont devenues les grands chemins du monde entier, et qui nous offrent des moyens faciles de transporter, pour en opérer l'échange, toutes les richesses de notre sol.

Cependant l'agriculture est encore dans l'enfance et l'art des irrigations est ignoré dans la plupart de nos départements; et de plus, aux causes naturelles d'insalubrité, produites par la stagnation des eaux, la main de l'homme est encore venue ajouter des foyers artificiels d'infection et de mortalité.

Ce serait donc un beau et patriotique travail que celui qui entreprendrait de tracer les règles d'administration qui doivent en France assurer l'exacte et complète utilisation des eaux du pays tout entier;—ce serait une œuvre philantropique et pieuse que celle qui tracerait les règles à suivre pour assurer le desséchement si difficile des marais;—pour obtenir l'asséchement des terres humides par l'établissement d'un vaste réseau de fossés et conduits destinés à l'écoulement des eaux du sous-sol, ce qui constituerait un vaste système de *drainage*, suivant la locution empruntée aux Anglais;—pour faire exécuter le curage régulier et complet des cours d'eau;—pour démontrer enfin la nécessité du mariage à établir entre les travaux destinés à assurer le libre et prompt écoulement des eaux, et les ouvrages non moins importants qui utilisent, là où elles tombent, les eaux pluviales, qui les emmagasinent, et les forcent à s'imbiber dans les terres, au lieu de les laisser trop souvent se changer en torrents et raviner des champs qu'elles devraient féconder. Un travail de ce genre ne serait pas seulement de nature à assurer l'amélioration de la production agricole du pays, il serait destiné à combattre les calamités de tout genre dont, par la nature des choses, les eaux livrées à elles-mêmes affligent notre triste patrie.

Il serait utile de résumer et de préciser les règles à observer pour rendre inoffensives et même utiles à l'agriculture, les chutes d'eau employées à l'industrie. Il serait d'une utilité moins générale d'indiquer les règles à suivre pour assurer la réglementation des marais salants ; mais nos côtes maritimes, que le mélange des eaux douces et des eaux salées de la mer rend si infectes, dans les pays où l'on fabrique du sel, auraient un grand intérêt à la publication de ce travail (1).

Quant à nous, le temps nous manque pour entreprendre une œuvre aussi vaste ; bien des pages ont été écrites par nous sur ces divers sujets ; mais il faudrait les compléter et les coordonner. Aujourd'hui, nous nous bornons à traiter une question spéciale, simple chapitre d'un traité complet des eaux, au point de vue de la salubrité publique et de la prospérité agricole de la France.

Les desséchements des marais, si hérissés de difficultés légales que l'art des travaux est plus simple que la marche à suivre administrativement, — le drainage des terres humides, heureusement pratiqué chez nos voisins les Anglais, mais inconnu encore dans presque toutes les communes de France,—enfin le curage des petits cours d'eau, aujourd'hui divisé entre deux administrations différentes, et par suite mal réglé et mal combiné avec les opérations opposées des prises d'eau et des travaux d'irrigation (v. le rapport de M. de Hennezel, ingénieur des mines, au conseil général de la Sarthe, session de 1848) ; tels sont les moyens légaux de remédier aux causes naturelles d'insalubrité qui sont dues à la mauvaise administration des eaux.

Quant aux causes artificielles d'insalubrité, les principales sont : 1° les retenues d'eau pour les usines et les digues établies de main d'homme, de manière à causer ou augmenter les désastres des inon-

---

(1) Voir, sur *les eaux* en général, les ouvrages de MM. Daviel, Garnier, Proudhon et les traités spéciaux de M. Nadault de Buffon sur les usines et les irrigations ; sur les *marais salants*, voir le mémoire très-remarquable publié par M. le docteur Meslier, membre de l'Académie de médecine ; sur les *irrigations*, voir le *Voyage en Espagne* de M. Jaubert de Passa, les *Recherches sur les arrosages des peuples anciens* du même auteur, et la *Législation des eaux* de Dubreuil ; enfin le rapport au ministre de l'agriculture et du commerce sur la pratique et la législation des irrigations dans l'Italie supérieure et dans quelques états d'Allemagne, par M. Mauny de Mornay. On attend avec impatience le complément de ce rapport qui sera un ouvrage à la fois pratique et théorique d'un haut intérêt.

dations; 2° les étangs devenus insalubres faute de curage ou par suite de leur établissement, sans digues latérales qui en resserrent les eaux dans un bassin assez profond ; 3° les marais salants dont l'exploitation amène trop souvent des mélanges d'eau douce et d'eau de mer. (Voir le Mémoire de M. le docteur Meslier.)

Or, des diverses causes d'insalubrité qui sont dues à la main imprudente et imprévoyante de l'homme, celle qui est la plus générale, celle qui trouve une répression plus positive dans la législation, et celle qui, en même temps, est le plus ignorée, non-seulement des simples citoyens, mais même des administrateurs qui sont réputés les plus éclairés, c'est celle qui provient des étangs marécageux.

C'est de celle-là que nous venons entretenir les lecteurs de l'*Ecole des communes*.

Mais nous devons le déclarer, dès le début, nous sommes loin de vouloir attaquer l'existence de tous les étangs indistinctement; nous ne voulons signaler aux autorités compétentes que les étangs marécageux et insalubres, ou ceux qui nuisent aux propriétés voisines par les inondations.

Nous n'entendons troubler en rien la sécurité des possesseurs d'étangs dont le sol est sablonneux, et qui, mis à sec par les chaleurs de l'été, ne produisent pas des émanations fétides et pestilentielles; nous entendons également respecter les étangs qui sont entourés de digues, de retenues et de chaussées, de façon que le sol, fût-il vaseux, n'est jamais mis à sec, et qu'il reste toujours couvert d'une nappe d'eau suffisante. Les détenteurs d'étangs alimentés par des eaux vives, par de petits ruisseaux, par des sources abondantes, n'ont aussi rien à redouter des mesures administratives que ce travail a pour but de provoquer.

En un mot, ce n'est pas à l'*usage*, c'est à l'*abus* des étangs que nous voulons faire la guerre.

2. Ce traité de la destruction des étangs marécageux se divise en cinq chapitres : 1° le premier, qui expose qu'elle est la loi de la matière, son principe et son utilité; 2° le second, qui fait connaître, historiquement, quelles sont les causes qui ont paralysé la force de la disposition législative ordonnant la destruction des étangs insalubres; 3° le troisième, qui examine et discute les objections faites à la loi et les difficultés intrinsèques du sujet, c'est-à-dire provenant, soit des autorités, dont la loi demande le concours, soit du propriétaire et des usagers des étangs, dont la destruction peut être poursuivie; 4° le quatrième traite des difficultés externes que peut rencontrer la destruction des étangs, c'est-à-dire des oppositions ou prétentions des propriétaires voisins; 5° le cinquième chapitre embrasse à la fois et les modifications dont la loi spéciale est susceptible, et les moyens légaux de prévenir le retour ou la création nouvelle d'étangs insalubres, enfin l'examen des questions d'économie politique qui se rattachent à cette question spéciale.

CHAPITRE Ier.

3. La disposition légale, qui régit cette matière spéciale, est un décret de l'Assemblée législative, des 11-19 septembre 1792, dont le titre est celui de *Décret relatif à la destruction des étangs marécageux.* En voici le texte entier :

« L'Assemblée nationale, après avoir entendu le rapport de son « comité d'agriculture, considérant qu'il existe dans plusieurs dé- « partements un grand nombre d'étangs marécageux, dont les « émanations occasionnent des maladies épizootiques; que l'huma- « nité et l'agriculture en commandent la destruction, DÉCRÈTE « ce qui suit :

« Lorsque les étangs, d'après les avis et procès-verbaux des gens « de l'art, pourront occasionner, par la stagnation de leurs eaux « des maladies épidémiques ou épizootiques, ou que, par leur posi- « tion, ils seront sujets à des inondations qui envahissent et rava- « gent les propriétés inférieures, les conseils généraux des départe- « ments sont autorisés à en ordonner la destruction, sur la de- « mande formelle des conseils généraux des communes, et après « l'avis des administrateurs de district. »

4. Pour apprécier toute la sagesse de cette loi, il suffit de consulter la législation antérieure de l'ancienne monarchie.

Aucun édit ou acte souverain de propre mouvement, émané des anciens rois de France, n'avait réglementé les étangs; c'était une matière restée dans le domaine des dispositions coutumières. D'après l'article 170 de la Coutume d'Orléans, qui formait le droit commun de la France, il était loisible à chacun de former des étangs, pourvu qu'il n'entreprît ni sur le chemin ni sur le droit d'autrui. Dans d'autres coutumes, les seigneurs hauts-justiciers avaient seuls droit d'établir des étangs; c'était là un privilége qui dérivait pour eux des droits féodaux de chasse et de pêche; et c'est, en vertu des droits de police, qui appartenaient aux possesseurs de droits féodaux sur les petits cours d'eau, qu'ils devaient régler la hauteur des retenues des étangs construits par eux, ou de ceux dont ils autorisaient la construction par leurs vassaux.

De grands abus avaient pu exister par la remise des droits de police aux mains des seigneurs qui, dans certaines coutumes, avaient le monopole d'établir des étangs; car le principe du droit de surveillance de l'autorité publique avait été singulièrement obscurci au milieu du chaos des institutions féodales, et les seigneurs hauts-justiciers ont dû, dans leur intérêt personnel, bien souvent négliger la mission protectrice qui leur était confiée.

D'ailleurs, les prescriptions des coutumes n'avaient nulle part fait une mention expresse des droits si importants de la salubrité publique; on s'était borné à protéger les propriétés; on avait négligé les personnes. Il était donc indispensable qu'une loi expresse vînt rappeler les grands principes relatifs à la salubrité publique, et qu'il fût dit, d'une manière formelle, que le premier et le plus éminent des droits des citoyens était celui de respirer un air pur; et que le plus impérieux des devoirs de l'administration était de prohiber la création de foyers d'infection.

5. Après l'abolition du régime féodal, les droits de police étant restitués aux mains de l'administration, l'Assemblée nationale devait faire, en ce qui touche les étangs établis par l'abus direct de la puissance féodale, ou par le défaut de surveillance des anciens seigneurs, ce qu'elle avait fait, par la loi plus générale des 28 septembre-6 octobre 1791, en ce qui touche les retenues d'eau des usines, et c'était compléter son œuvre de réorganisation de la police des eaux, que de prescrire aux administrations départementales d'ordonner la destruction des étangs nuisibles. C'est ce qu'a fait le décret des 11-19 septembre 1792, en remplaçant le texte laconique des coutumes anciennes, par une prohibition explicite, qui ordonne à la fois la destruction des étangs qui occasionnent des maladies épidémiques ou épizootiques, et de ceux qui causent des inondations.

Les devoirs que le décret des 11-19 septembre 1792 impose à l'administration départementale, en ce qui touche les étangs marécageux, ne sont qu'une application des fonctions que lui attribue la loi des 22 décembre 1789—1er janvier 1790, dont l'article 2, section III, est ainsi conçu :

« Les administrations de département seront... chargées, sous « l'autorité et l'inspection du roi, comme chef suprême de la na- « tion et de l'administration générale du royaume, de toutes les « parties de cette administration, notamment de celles qui sont « relatives....... au maintien de la salubrité, de la sûreté et de la « tranquillité publiques. » Le devoir imposé, en 1792, aux conseils généraux des communes de demander la destruction des étangs marécageux et nuisibles n'est que l'exécution, en cette matière spéciale, des fonctions de police que leur confère la loi constitutive des municipalités du 14 décembre 1789, article 50. Enfin, dans son ensemble, le décret des 11-19 septembre 1792 n'est qu'un corollaire de la loi des 28 septembre-6 octobre 1791, articles 15 et 16 du titre II, relatifs aux usines.

6. Il est donc rationnel de penser que le décret spécial de 1792 n'est pas plus abrogé que la loi générale de 1791; car l'origine de ces deux lois est commune, et toutes deux ne règlent que l'exercice des droits de police et de surveillance, sur toute espèce de retenue d'eau, pour créer des usines, pour opérer des irrigations, ou pour former des étangs, leur principe est le même; seulement, comme les étangs renferment une masse d'eau plus considérable et dont la corruption peut être plus nuisible, surveillance de la police doit être d'autant plus active qu'il s'agit d'empêcher, à la fois, et l'inondation des terres riveraines et l'infection de l'air par les émanations pestilentielles qui s'échappent de grandes nappes d'eaux croupissantes, et surtout de terrains à moitié desséchés, dont les vases sont infectes.

Par l'application sage, progressive, mais ferme, du décret des 11-19 septembre 1792, l'autorité publique peut obtenir l'assainissement des contrées qui sont désolées par l'existence d'un grand nombre d'étangs. Les administrateurs, qui ont sainement étudié la question, reconnaissent, en effet, qu'il ne s'agit pas d'opérer la destruction de tous les étangs indistinctement, mais qu'il suffit de prononcer la destruction des étangs vaseux, dont le sol est alternativement inondé et mis à sec; c'est là une mesure, non pas seulement *d'utilité publique*, mais, on doit le dire, *de nécessité publique.*

7. Cette loi si sage de 1792 semble oubliée et enfouie dans le chaos du *Bulletin des lois;* serait-ce donc que en France, il n'existerait que quelques rares étangs insalubres ? Au contraire, il existe, dans notre beau pays, des contrées entières qui sont d'une insalubrité notoire, et cela par le fait de l'agglomération d'étangs construits dans de mauvaises conditions hygiéniques. Ces contrées sont la Sologne, la Dombes, la Bresse et la Brenne. La Sologne appartient aux trois départements du Cher, de Loir-et-Cher et du Loiret; elle compte une innombrable quantité d'étangs. Dans le seul arrondissement de Romorentin (Loir-et-Cher), en 1838, la nappe d'eau des étangs couvrait 6,889 hectares de terrains.

La Dombes et la Bresse (département de l'Ain), situées sur des plateaux élevés, pouvant avoir un facile écoulement de leurs eaux, soit vers le Rhône, qui coule au midi, soit vers la Saône, qui coule à l'est, soit vers l'Ain, qui coule à l'ouest, sont cependant des contrées désolées par des étangs marécageux. La Dombes (arrondissement de Trévoux), entre Bourg et Lyon, comprend à elle seule 17,000 hectares d'étangs, et, dans les cinq communes de Châtillon, de Chalamont, de la Chapelle, de Saint-Nizier-le-Désert et de Versailleux, dans la période décennale de 1833 à 1843, les naissances n'ont atteint que le chiffre de 2,039, tandis que celui des décès a été de 2,452; ce qui donne 413 décès au delà du chiffre des naissances. Dans la Bresse, au delà de Bourg, grâce aux efforts de quelques agriculteurs intelligents, on a commencé à convertir les étangs en prairies ou en terres arables, et l'insalubrité y est moindre.

La Brenne, dans le département de l'Indre, comprend 114,000 hectares de terrain dont près de moitié (93 sur 200) sont incultes ou couverts d'eau. La vie moyenne n'y est que de 24 années, tandis qu'elle est de plus de 33 ans dans le reste de la France. L'influence pernicieuse des étangs, faits de main d'homme, est constatée par ce résultat que, pendant la période décennale qui a suivi les lois révolutionnaires qui ordonnèrent la destruction de tous les étangs (dispositions dont nous aurons à parler ultérieurement), le nombre des décès a été diminué d'environ un tiers (1).

8. Dans ces quatre grands pays d'étangs, la Sologne, la Dombes, la Bresse et la Brenne, le sous-sol est imperméable, et pour former un étang, il suffit de barrer, par une seule chaussée, les vallées secondaires ou dépressions naturelles du sol, qu'on remarque sur les bords des vallées principales.

Les étangs, ainsi alimentés en grande partie d'eaux pluviales et n'étant pas entourés de chaussées latérales, destinées à resserrer les eaux, laissent à sec, pendant les chaleurs de l'été, une grande partie de leur sol argilo-siliceux; dès lors, de vastes plages deviennent des marécages infects, où les détritus des végétaux sont en décomposition; de là s'échappent des miasmes pestilentiels qui vicient l'air et vont attaquer le principe de la vie chez ces populations chétives, dont l'existence est abrégée presque d'un quart, ou, plutôt, dont la vie entière n'est qu'une longue souffrance, qui ne permet ni au corps ni à l'intelligence de prendre leurs développements naturels.

Outre ces grands centres d'infection, où l'agglomération des étangs répand les fièvres sur des milliers d'individus, il est bien peu de départements dans lesquels il n'existe pas une ou deux communes obscures, dont la population chétive est minée par des fièvres, dues au voisinage de quelque étang établi dans de mauvaises conditions hygiéniques. Ajoutons, en effet, que M. Moll (*Agriculture de l'Algérie*, t. Ier, p. 338, note 1) affirme qu'en France près de deux cent mille hectares sont couverts par les eaux stagnantes des étangs, et que ces nappes d'eau répandent l'insalubrité sur une étendue vingt fois plus grande de terrain, c'est-à-dire sur quatre millions d'hectares, dans lesquels l'habitation est dangereuse, et souvent même mortelle.

CHAPITRE II.

9. Si les effets désastreux produits par les étangs, ou retenues d'eau faites de main d'homme, sont tels que nous venons de les exposer, comment le décret des 11—19 septembre 1792 n'est-il pas l'une des lois, dont l'application soit le plus énergiquement poursuivie, par l'administration française ? Cela tient à des causes diffé-

(1) Rapport du conseil général de l'Indre du 20 septembre 1846.

rentes : 1° à l'exagération des mesures législatives qui ont bientôt succédé à la loi de 1792 ; 2° au défaut de direction administrative dans lequel on a laissé trop longtemps les autorités municipales chargées de provoquer l'action de l'administration supérieure ; 3° à la constitution même de la propriété des étangs.

10. Le décret de septembre 1792 était à peine promulgué depuis un an ; il n'avait pas encore reçu une sérieuse exécution, lorsque, par une atteinte violente au grand principe de la liberté des propriétés et de la liberté des cultures, la Convention, dans le désir de parer à la famine qui désolait la France, rendit le 14 frimaire an II (4 décembre 1793) un décret qui ordonnait, à peine de confiscation au profit des habitants non propriétaires du pays, que tous les étangs et lacs de la République qu'on pouvait mettre à sec, pour les pêcher, à quelques exceptions près, fussent vidés dans le délai de deux mois et demi, et fussent ensemencés en grains de mars ou plantés en légumes propres à la subsistance de l'homme, avec défense de les remettre en étangs. Dix-huit mois plus tard, le 12 messidor an III (1er juillet 1795), la Convention rapportait elle-même cette mesure draconienne, en demandant au comité d'agriculture de faire étudier les moyens de rendre à la salubrité publique, notamment la Sologne, la Bresse et la Brenne, « et d'y faire « cesser, ainsi que dans les autres parties de la République, les « abus résultant de l'élévation des eaux pour le service des mou-« lins ; de donner aux rivières obstruées et encombrées un libre « cours ; d'indiquer les mesures les plus efficaces pour ordonner « et faire maintenir les lois de police, tant sur le cours des eaux d'é-« tangs que des marais qui se forment naturellement ; d'ouvrir no-« tamment dans les trois contrées ci-dessus désignées, des canaux de « navigation, pour le tout être présenté, au plus tard, dans le délai « de trois mois, à la Convention, et être statué par elle sur les me-« sures les plus efficaces pour chaque contrée. »

Depuis lors, rien n'a été fait ; la sage application du décret de septembre 1792, qui suffisait pour amener progressivement l'assainissement des pays désolés par la présence d'étangs marécageux, a été négligée. Le comité d'agriculture de la Convention n'a donné à cet égard aucune instruction, et les populations ont rêvé la création de canaux de navigation plus ou moins impossibles. C'est ainsi que l'on vient, en 1848, de dépenser, à peu près en pure perte, plus d'un million, pour l'ouverture du canal de la Seudre. Il faut ajouter que le décret de décembre 1793 amena une réaction favorable à la conservation des étangs, par cela même qu'il avait dépassé le but, et porté gratuitement atteinte au principe de la liberté des cultures, tel qu'il est proclamé par la loi des 28 septembre — 6 octobre 1791 (art. 2, titre Ier), « les propriétaires sont libres de va-« rier à leur gré la culture et l'exploitation de leurs terres. » Dès lors, l'esprit public devint protecteur des étangs, par cela même qu'on les avait frappés d'une manière aveugle, en dehors des nécessités de la salubrité publique ; la force et la valeur de la loi de 1792 s'obscurcirent dans l'esprit des populations, qui n'en virent faire aucune application. C'est ainsi qu'aucun des conseils généraux des cinq départements de l'Ain, du Cher, de l'Indre, de Loir-et-Cher et du Loiret, n'a jamais songé (à ce que nous pouvons savoir), depuis cinquante ans, à invoquer, comme préservatif des épidémies qui déciment ces malheureuses populations, l'application ferme et éclairée du décret des 11—19 septembre 1792.

11. Depuis le décret du 1er juillet 1795 (13 messidor an III) dont nous avons en partie rappelé le texte, aucune instruction générale, aucun arrêté, décret ou ordonnance, rien, en un mot, n'est venu rappeler aux autorités municipales quelle était en cette matière, la mission protectrice qui leur était réservée.

Espérons que ce regrettable silence de l'autorité supérieure va enfin cesser : il nous est permis de dire qu'une commission composée d'hommes éminents pris dans le corps des ingénieurs, est saisie, en ce moment, de l'examen d'un projet de circulaire à adresser à tous les préfets des départements.

Mais, en cette matière, tout, aujourd'hui, devient objet de doute. Ainsi, d'après le décret précité des 11—19 septembre 1792, c'est sur la demande des conseils généraux des communes que la destruction des étangs insalubres doit être prononcée, lorsque, d'après les avis des gens de l'art, il est reconnu que ces étangs, par la stagnation de leurs eaux, occasionnent des maladies épidémiques ou épizootiques, ou que, par leur position, ils sont sujets à des inondations qui envahissent et ravagent les propriétés inférieures. Or, on en est à se demander aujourd'hui ce qu'on entend par le *Conseil général de la commune*. Alors les intérêts municipaux étaient représentés par un bureau, un conseil municipal et un conseil général. Le conseil général se composait du bureau, du conseil municipal (ce qui forme le corps municipal proprement dit), et d'un nombre de notables double de celui des membres du corps municipal. Ces notables étaient élus par les citoyens actifs de la commune. C'est en conseil général que se délibéraient les acquisitions et les aliénations d'immeubles, les impositions extraordinaires, les emprunts, les travaux à entreprendre, les procès à intenter ou à soutenir, les emplois de fonds communaux provenant de ventes ou de remboursements (art. 54 de la loi des 14 décembre 1789—7 janvier 1790). Le conseil général des communes, tel qu'il existait en 1789, a disparu de nos institutions municipales. Nous ne retrouvons une composition analogue du conseil municipal que lorsqu'il s'agit de voter des contributions extraordinaires ou des emprunts. Alors, les propriétaires les plus imposés aux rôles de la commune sont appelés à délibérer avec le conseil municipal, en nombre égal à celui des membres en exercice ; mais, hors des cas de contributions extraordinaires et d'emprunts, les plus imposés, qui remplacent les anciens notables, n'ont aucune attribution municipale. Cela résulte de l'ensemble de la loi du 18 juillet 1837, notamment de l'article 42 de cette loi. On voit que, dans l'économie de la législation actuelle, le concours des anciens notables, pour les cas d'aliénations et d'acquisitions immobilières, de procès, etc., est remplacé par des actes de tutelle administrative, attribués, tantôt au conseil de préfecture, tantôt au préfet, et tantôt au gouvernement central.

Il est donc évident que les plus imposés, dont le concours n'est admis que dans les cas spéciaux qui engagent les finances de la commune, n'ont pas à intervenir dans l'application actuelle du décret des 11—19 septembre 1792.

12. Une question plus grave est celle de savoir si l'intervention des conseils municipaux est nécessaire. Depuis les principes posés en l'an VIII, qui ont eu pour but de séparer l'administration de la délibération, on peut demander si la requête en destruction des étangs insalubres, qui est évidemment un acte de police, appartient encore au conseil municipal, ou si elle n'est pas dévolue actuellement au maire, dans la commune, de même que l'avis est réservé, dans l'arrondissement, au sous-préfet ; de même, enfin, que la décision semble réservée au préfet, au chef-lieu du département?

D'après la loi du 18 juillet 1837, article 10, le maire est chargé, sous la surveillance de l'administration supérieure, de la police municipale et de la police rurale, et l'article 14 ajoute *que le maire est chargé seul de l'administration.* S'ensuit-il qu'on doive laisser de côté le conseil municipal? Nous ne le pensons pas ; mais la difficulté existe et mérite solution.

Il nous paraît certain que le maire, soit d'office, soit sur les plaintes à lui adressées, a mission de provoquer les actes d'instruction, les enquêtes, la visite des lieux par les hommes de l'art, dont les rapports doivent constater si réellement les étangs, dont on demande la destruction, sont insalubres, et quels sont les moyens à employer pour assurer l'assainissement d'une localité, compromise par l'établissement d'une retenue d'eau faite dans de mauvaises conditions.

A notre sens, le conseil municipal doit délibérer sur la question de savoir s'il y a lieu de détruire les étangs insalubres et dangereux. Cette intervention du corps délibérant, qui représente la commune, est une garantie en faveur des propriétaires d'étangs, et aucune disposition spéciale de la législation postérieure à 1792 ne nous semble les avoir privés de cette garantie. Il n'y a que des questions d'intérêt personnel qui pourraient sourdement préoccuper l'esprit des membres des conseils municipaux, au point de leur faire refuser leur concours à la destruction d'étangs réellement insalubres; mais contre ces préoccupations occultes de l'intérêt personnel, il y a un remède bien simple : c'est d'interpeller chaque membre du conseil municipal, avant l'émission de son vote, sur la question de savoir s'il a un intérêt personnel engagé dans la question.

Dans une circonstance où des complications du même genre se rencontraient, il a suffi de cette interpellation directe et publique, adressée à chacun des membres du conseil, pour les déterminer et sacrifier résolument leur intérêt propre à l'intérêt général ; et nous avons assez de confiance dans la loyauté et l'indépendance de nos concitoyens, pour être assurés que, dans tous les cas analogues, on obtiendra le même résultat.

Mais parce que l'administration n'appartient pas aux conseils municipaux, nous pensons que la demande formelle du conseil municipal de la commune intéressée n'est pas indispensable pour assurer l'application du décret de 1792. Ce serait là une exception exorbitante à la répartition ordinaire des pouvoirs. Au surplus, nous indiquerons plus tard un moyen facile de vaincre la résistance des conseils municipaux récalcitrants, s'il était possible qu'il s'en rencontrât.

13. Les formes à suivre pour obtenir la destruction d'un étang insalubre ne sont pas déterminées par le décret de 1792 ; mais, la raison l'indique, ces formes paraissent devoir être les mêmes que celles qui sont suivies lorsqu'on a recours à l'administration, pour lui demander d'autoriser l'établissement d'un nouvel étang. Or, on suit, dans ce cas, les formalités prescrites pour l'établissement des usines. Une enquête de vingt jours est ouverte sur la demande elle-même; les lieux sont vus et visités par les gens de l'art (ici les ingénieurs et le médecin des épidémies, tandis que lorsqu'il s'agit d'usines l'ingénieur seul est appelé). Le projet d'arrêté à présenter à l'autorité supérieure avec le rapport à l'appui, est ensuite rédigé par l'ingénieur et le médecin des épidémies, et doit être soumis à une enquête contradictoire de quinze jours, afin que chacun connaisse parfaitement ce qui est demandé, et que chaque intéressé puisse faire valoir ses droits. Tel est le résumé des prescriptions des circulaires administratives des 19 thermidor an VI et 16 novembre 1834. Cette marche, simple et logique, doit, ce nous semble, être suivie lorsqu'il s'agira d'appliquer le décret des 11—19 septembre 1792; seulement, si l'assainissement des étangs marécageux exigeait l'ouverture de fossés d'écoulement sur des terrains inférieurs, alors, comme ces fossés devraient, pour leur exécution et leur entretien, être soumis à la surveillance de l'autorité publique, on devrait se mettre en mesure d'avoir recours à l'expropriation pour cause d'utilité publique; et, concurremment avec les enquêtes ci-dessus, destinées à éclairer le règlement du régime des eaux, on devrait ouvrir une enquête d'utilité publique, dans la forme de l'ordonnance du 18 février 1834, et conformément à la loi du 3 mai 1841. Il existe donc des difficultés sérieuses à résoudre pour assurer l'application du décret de 1792, et aucune instruction n'est encore intervenue.

11. Aux termes du décret dont nous voulons assurer l'exécution, c'est aux conseils généraux de département qu'est réservé le droit de statuer. La loi des 28 septembre—6 octobre 1791, sur la réglementation des usines, attribue aux mêmes autorités le droit de fixer la hauteur des retenues d'eau d'usines ; mais, par application de l'article 9 de l'arrêté du 19 ventôse an VI, le droit réglementaire des usines est réservé au gouvernement central ; par analogie, l'autorisation des retenues d'eau d'étangs est attribuée aujourd'hui au chef du pouvoir exécutif en conseil d'État. Il est dès lors naturel de penser que le droit d'ordonner la destruction des étangs qui nuisent à la salubrité publique appartient à la même autorité, qui pourrait en autoriser l'établissement, après s'être assurée qu'ils sont créés dans des conditions telles qu'ils ne peuvent nuire à personne. Or, jusqu'à ce jour, on s'était contenté, en cette matière, d'arrêtés préfectoraux approuvés par le ministre, et telle est aussi l'opinion de M. Macarel, professeur de droit administratif à la Faculté de droit de Paris (tome III, page 106 de son *Cours de droit administratif*). Cependant, après mûr examen, nous pensons que c'est le chef du pouvoir exécutif qui doit lui-même, en conseil d'Etat, prononcer la destruction des étangs insalubres, alors surtout que les propriétaires s'y refusent, ou que des usagers ont un intérêt opposé à cette destruction. Il s'agit ici d'une restriction trop grave à apporter à la jouissance du sol pour que la décision soit remise à une administration inférieure.

Il y a une induction précise à tirer de l'article 9 de l'arrêté du 19 ventôse an VI, qui attribue le droit de prononcer, dans des cas analogues, au gouvernement en conseil d'État. Dès lors il n'y a pas à hésiter. Ajoutons que, dans des cas semblables, lorsqu'il s'agit de prononcer la destruction d'ateliers insalubres de première classe, c'est en conseil d'État et par acte souverain qu'il est statué (art. 12 du décret du 15 octobre 1810 sur les ateliers insalubres). Or, il existe une analogie parfaite dans les deux cas; c'est donc une raison nouvelle de reconnaître, qu'en matière d'étangs insalubres, la destruction a passé, des conseils généraux de département, au gouvernement central en conseil d'État. L'intervention du conseil d'État peut ajouter quelques délais à l'accomplissement des mesures qu'il est utile de prendre ; mais elle est de nature à donner toute garantie à tous les intérêts qui peuvent être engagés dans ces graves questions. Ainsi, à notre sens, lorsque la demande en destruction d'un étang soulève une contestation quelconque, il est nécessaire qu'après l'avis du sous-préfet de l'arrondissement, le préfet fasse ses propositions au ministre des travaux publics, qui doit provoquer la décision du chef du pouvoir exécutif, après délibération du conseil d'Etat (section administrative).

Cette marche a été indiquée, nous pouvons le dire, au préfet de l'Ain, par des instructions assez récentes du département des travaux publics ; mais ce sont là de graves difficultés dont le défaut de solution a dû nécessairement paralyser l'action salutaire du décret de 1792.

15. La non-destruction des étangs marécageux et insalubres ou occasionnant des inondations ne tient pas seulement aux abus législatifs dans lesquels la Convention est tombée, ni au défaut d'instructions précises, sur l'application du décret des 11-19 septembre 1792, elle tient aussi à la constitution même de la propriété des étangs, telle qu'elle existe spécialement dans les pays d'étangs ; cette propriété n'est pas libre et entière entre les mêmes mains ; des servitudes d'abreuvage, de rouissage, de lavage du linge, — des droits de jouissance divers, de pacage, de vaine pâture, de culture pendant l'*assec* (c'est-à-dire quand l'étang n'est plus en eau), de fauchage des herbes pendant l'*évolage* (c'est-à-dire quand l'étang est en eau), font des étangs une sorte de domaine commun à des propriétaires divers, dont quelques-uns sont toujours disposés à conserver leur droit tel qu'il est, sans vouloir y rien changer. Dans le département de l'Ain, le droit de pâturage prend le nom spécial de *brouillage*, du nom de la *brouille*, sorte d'herbe qui pousse dans les étangs ; la vaine pâture sur les bords non cultivés des étangs s'appelle *champéage* ; le droit de rouissage du chanvre se nomme droit de *naizage*. Dans la Sologne, des droits et des servitudes analogues grèvent les étangs ; le fauchage des joncs destinés à la litière des bestiaux, le lavage du linge, le droit d'abreuvage des bestiaux, le droit de cultiver et d'ensemencer les parties d'étangs mises à sec pendant l'été, sont des droits ou des servitudes de droit commun, pour ainsi dire, qui font des étangs des immeubles indisponibles, dont on ne peut modifier l'état de jouissance, sans blesser des droits et des intérêts nombreux ; or, ces droits d'usage sont d'autant plus respectables, qu'en remontant aux anciennes dispositions des coutumes qui régissaient la France avant 1789, on est amené à penser qu'ils se rattachent à l'établissement même des étangs, et que ces droits divers d'usage et de servitude sont la suite des conventions plus ou moins libres, par lesquelles les propriétaires de terrains inondés, recevaient en échange d'une propriété réelle, des droits plus ou moins précaires, que les seigneurs hauts-justiciers accordaient à leurs *su-*

jets, à titre d'indemnité. Dans la Dombes et dans la Bresse, tout propriétaire qui pouvait établir sur son fonds une digue ou chaussée, avait le droit de couvrir d'eau les terrains voisins, sauf au propriétaire inondé à réclamer, à son choix, ou le prix de son héritage, ou un terrain d'égale valeur, ou enfin une part dans l'étang. Ce dernier parti, on le comprend, etait le plus commode pour tous les intéressés, et il a constitué des propriétés indivises appartenant à divers portionnaires, ou *pariers*, suivant la locution locale.

Cet état d'asservissement de la propriété des étangs, est l'une des causes principales de la conservation du grand nombre des étangs, dont le sol est souvent le plus riche et le plus fertile, et que les propriétaires seraient tout disposés à mettre en culture s'ils n'étaient pas entravés, dans la libre disposition de leur propriété, par les servitudes qui les grèvent.

De plus, en présence d'une propriété ainsi divisée, la plupart des fonctionnaires publics qui administrent les pays d'étangs, n'ont pas pensé que la loi de 1792 fût applicable, et ils ont attendu et demandé le bienfait d'une législation nouvelle.

16. Pour nous, nous n'hésitons pas à penser que la loi de 1792 est aussi bien applicable, lorsque tous les éléments constitutifs de la propriété sont morcelés entre divers ayants droit, que lorsque tous ces éléments sont réunis en une seule main. Les droits les plus absolus que la loi civile reconnait aux citoyens, en un mot, la propriété la plus entière et la plus absolue ne peut porter obstacle aux mesures de police administrative, que l'autorité considère comme nécessaires, lorsqu'elle prononce la destruction d'un étang; comment les démembrements de ces mêmes droits de propriété pourraient-ils, en présence des mêmes nécessités, entraver la marche de l'administration? Il est évident qu'il n'est pas nécessaire qu'une loi spéciale ordonne le rachat des servitudes et des droits d'usage qui grèvent les étangs, lorsque ces retenues d'eau causent des dommages publics, et que leur destruction est ordonnée administrativement; mais, en ce qui touche, les simples servitudes, nous reconnaissons qu'une loi nouvelle serait nécessaire, pour autoriser le rachat, lorsque ce rachat est demandé, sans le concours de l'administration, par le propriétaire de l'étang, qui veut en changer le mode de jouissance, par exemple, le convertir en prairies; ici, deux intérêts privés sont en présence, et bien qu'il s'agisse d'une amélioration utile, on comprend qu'on ne sacrifie pas un droit privé, même rétrograde, à un intérêt privé, fût-il éclairé et progressif, car, entre particuliers, il n'y a pas d'intérêt contre le droit; il en est autrement lorsqu'il s'agit de l'intérêt général, car il constitue l'utilité publique. Or, il n'y a pas seulement utilité publique, il y a, on peut le dire sans crainte, il y a nécessité publique à poursuivre la destruction des étangs, s'ils sont reconnus être des foyers d'infection, dont les émanations déciment les populations et occasionnent les épizooties désastreuses, ou enfin si leurs eaux ravagent les champs voisins, par des inondations périodiques.

Si la conservation de servitudes qui, nous l'avons dit, sont le plus souvent la représentation de droits réels de propriété, ne peuvent entraver l'exercice des devoirs d'un ordre supérieur, qui obligent l'administration à assurer la police et la salubrité publique, il faut, en même temps, reconnaître qu'il serait inique d'ordonner la destruction des étangs insalubres, sans réserver les droits des propriétaires voisins, en ce qui touche les servitudes et les droits d'usage qui leur appartiennent, et dont l'exercice n'est pas conciliable avec la mise en culture des étangs. Agir autrement, ce serait enrichir les propriétaires d'étangs au détriment de leurs voisins.

Or, en présence de l'article 703 du Code civil, qui dispose que les servitudes cessent, lorsque les choses se trouvent en tel état qu'on ne peut plus en user, il est arrivé souvent que les corps municipaux ont dû hésiter à requérir l'application du décret de 1792. En effet, ce respect des servitudes existant sur les étangs est présenté par M. Macarel (p. 112, t. III de son *Cours de droit administratif*, v° Etangs, § 9), comme ayant arrêté la marche de l'administration. Toutefois, nous espérons établir en son lieu, que ces craintes sont sans fondement, et que l'administration a le droit et le devoir de sauvegarder les intérêts des usagers riverains des étangs, tout en assurant la salubrité publique.

CHAPITRE III.

17. Après avoir montré quelles sont les causes principales qui ont arrêté l'application du décret des 11-19 septembre 1792. Il nous reste à résoudre quelques-unes des objections et des difficultés que soulève son application; occupons-nous d'abord des objections qui s'attaquent à la loi elle-même, puis nous rechercherons quelles sont les difficultés de détail et d'application.

On a soutenu que le décret de 1792 avait été abrogé par la loi du 16 septembre 1807, sur le desséchement des marais; et, qu'en conséquence, lorsque la destruction d'un étang entraîne la suppression d'usines, c'est le cas d'appliquer l'article 48 de la même loi, et qu'il faut payer le prix de ces moulins, avant de faire cesser leur travail.

Pour réfuter cette objection, il suffit d'établir la différence qui existe entre les marais naturels et les étangs faits de main d'homme. La loi du 16 septembre 1807 remplace la loi des 25 décembre 1790-5 janvier 1791, sur les marais; elle laisse de côté le décret de 1792, de même que ce décret avait été étranger à la loi de 1791, près de laquelle il avait pris rang dans la législation.

Le desséchement d'un marais constitue une œuvre d'art, un véritable travail d'utilité publique; c'est une amélioration, une conquête à obtenir sur la nature. La destruction d'un étang insalubre, ou qui occasionne des inondations n'est, au contraire, qu'un retour à l'état primitif de la nature, ou plutôt, ce n'est que la répression d'un abus poursuivi et puni par la loi pénale, au moins en ce qui touche les inondations.

C'est ainsi, en effet, que la cour de cassation (chambre criminelle, arrêt, *Blaize c. Guérou*, du 23 janvier 1819) a décidé que le propriétaire d'un étang qui en élève démesurément les eaux, et qui cause, par là, un dommage aux propriétés riveraines, est passible, pour ce fait, d'une amende égale au dommage, par application de l'article 15, tit. II, de la loi des 28 septembre-6 octobre 1791.

Par application de cette jurisprudence, le tribunal de simple police (le juge de paix) est saisi de la poursuite, si la demande en dommages et intérêts n'est que de 15 francs et au-dessous; mais si elle est supérieure à 15 francs, c'est à la juridiction correctionnelle qu'on doit s'adresser.

La même cour, par arrêt de la chambre criminelle du 2 février 1816 (Arrêt *Nozet*), a décidé que, si l'inondation est produite par des actes faits en contravention à un règlement administratif, le délit est prévu par l'article 457 du Code pénal; quelque minime que soit le dommage, l'amende est alors de 50 francs. D'après le Code pénal, c'est le fait d'avoir occasionné une simple inondation, en contravention avec un règlement émané de l'administration, qui est puni de 50 francs, au *minimum*, et, au maximum, du quart des restitutions et dommages et intérêts; mais si l'exhaussement frauduleux des déversoirs et des vannes de décharge a occasionné des dégradations aux propriétés voisines, le contrevenant est passible, outre l'amende, de six jours à un mois de prison.

On comprend dès lors que la loi de 1807, applicable seulement aux marais naturels, n'a rien de commun avec le décret de 1792, qui règle la destruction des étangs établis de main d'homme.

Nous devons, afin d'être rigoureusement exact, mentionner ici une observation que le savant M. Héricart de Thury a bien voulu nous faire, le 10 mai 1845, et dont nous avons pris note immédiatement.

Il existe des étangs naturels : par suite ou de changements dans le cours souterrain des eaux, ou de corrosions produites par des volcans éteints; la surface du globe s'est affaissée sur quelques points, et il est arrivé quelquefois que des murs de granit, ou des gisements d'une nature résistante, placés en travers, et pour ainsi dire en forme de murs de refend, au milieu de ces cavités souterraines, sont restés debout, lors de l'affaissement de la croûte supérieure, qui formait toiture; par là, ont été formées des digues et chaussées naturelles qui ont opéré barrage, au travers des vallées qui s'étaient produites, par l'affaissement du sol; et alors, pour donner écoulement aux eaux retenues dans ces bassins naturels, il a suffi de pratiquer une bonde, ou un aqueduc, au pied de ces digues naturelles; par là le bassin supérieur, rempli d'eau, se dessèche aussi facilement que s'il s'agissait de faire écouler les eaux d'un étang, dont la digue ou chaussée aurait été établie de main d'homme. C'est là une exception qui, il faut le reconnaître, confirme la règle, et même, dans ce cas, la voie d'écoulement, pratiquée de main d'homme, donne ouverture à l'application du décret de 1792.

La loi de 1807 n'a donc pu abroger le décret de 1792. La disposition qui prescrit l'acquisition, pour cause d'utilité publique, et le payement avant mise en chômage des usines dont un dessèchement entraîne la suppression, n'est donc nullement applicable au cas prévu et réglé par le décret des 11-19 septembre 1792.

18. On a aussi demandé si les articles 35 et 36 de la loi du 16 septembre 1807 n'avaient pas mis à la charge des communes la dépense que peut occasionner la destruction des étangs insalubres. Aux termes de l'article 35 de la loi précitée, tous les travaux de salubrité qui intéressent les villes et les communes sont ordonnés par le gouvernement, et les dépenses supportées par les communes intéressées. L'article 36 de la même loi est ainsi conçu : «Tout ce qui « est relatif aux travaux de salubrité sera réglé par l'administration « publique ; elle aura égard, lors de la rédaction du rôle de la con« tribution spéciale destinée à faire face aux dépenses de ce genre « de travaux, aux avantages immédiats qu'acquerraient telles ou « telles propriétés privées, pour les faire contribuer, à la décharge « de la commune, dans des proportions variées et justifiées par les « circonstances.» M. Macarel, tome III, pages 109-112, examine l'objection et repousse cette prétention en disant que, avant la loi de 1807, l'administration avait bien, dans ses droits généraux de police, l'autorité nécessaire pour pouvoir faire détruire, dans l'enceinte des villes, les causes permanentes ou accidentelles d'insalubrité ; mais que, d'une part, la législation n'avait pas dit à quelle autorité il appartiendrait d'embrasser un ensemble de mesures, dépassant les droits ordinaires de l'autorité locale ; et que, d'autre part, la loi n'avait pas encore spécifié dans quelle mesure les communes et les propriétés privées devraient concourir à ces sortes de dépenses. Or, c'est là ce que décident les deux articles cités de la loi de 1807, en attribuant au gouvernement la direction suprême des travaux de salubrité locale, et en spécifiant que les propriétés privées contribueraient, dans la proportion de leur intérêt réel et immédiat, à la dépense.

A ces observations du savant professeur ajoutons que les articles 35 et 36 de la loi précitée n'ont pu avoir pour but d'exonérer les propriétaires d'étangs de dépenses qui, aux termes du décret des 11-19 septembre 1792, étaient uniquement à leur charge. Rien, dans la rédaction de ces articles, ne permet de supposer que le légisfateur ait entendu aggraver la position des communes, et mettre à leur charge des dépenses qui pesaient sur les particuliers. La loi de 1807 a, au contraire, pour but d'appeler les propriétés privées à concourir, dans des proportions variées, suivant leur intérêt, à des charges locales dans lesquelles, jusqu'à cette époque, elles ne devaient entrer qu'au centime le franc des contributions directes, dont toutes les propriétés de la commune étaient également frappées.

Il est donc évident que les obligations des propriétaires d'étangs marécageux et insalubres, ou qui occasionnent habituellement des inondations, sont, après la loi du 16 septembre 1807, exactement ce qu'elles étaient avant la promulgation de cette loi, et que le décret de 1792 n'a, en rien, été modifié par la loi du 16 septembre 1807.

19. La prétention qui tendrait à mettre à la charge des communes intéressées la dépense des travaux de destruction des étangs insalubres, serait analogue à celle qui voudrait leur imposer la dépense de destruction des ateliers insalubres de première classe, dans le cas exceptionnel où cette destruction peut, aux termes de l'article 12 du décret du 14 octobre 1810, être prononcée par le gouvernement en conseil d'État. Or, une ordonnance, rendue sur recours par la voie contentieuse, sous la date du 9 juin 1830, a repoussé la prétention de propriétaires d'ateliers insalubres supprimés, qui demandaient leur renvoi devant l'autorité judiciaire, pour y faire régler l'indemnité qu'ils réclamaient pour suppression de leurs ateliers insalubres.

Voici dans quelles circonstances est intervenue cette décision.

Une ordonnance du 17 février 1830 avait prescrit la suppression de dépôts d'immondices, soumises dans la ville de Limoges à certaines triturations pour préparer des engrais.

Les propriétaires de ces dépôts, au nombre de trente environ, attaquèrent cette décision par la voie contentieuse, en demandant, 1° au principal, qu'on procédât à une nouvelle instruction, afin d'établir que les fosses, exploitées par eux, n'étaient pas insalubres; 2° subsidiairement « qu'on ordonnât que les suppliants seraient « pleinement indemnisés par la ville de Limoges, ou par qui de « droit, de la perte qu'ils éprouveraient, et qu'à cet effet on les « renvoyât, si les tribunaux ne sont pas saisis de la contestation, « devant tels commissaires qu'il plairait désigner pour être procédé, « aux formes de droit, à la fixation de l'indemnité à eux due.» Or, par arrêt du 9 juin 1830, ce pourvoi a été déclaré non recevable et il n'est pas douteux que si, en principe, une indemnité eût été due aux propriétaires de fossés d'immondices supprimés à Limoges, et si cette indemnité leur eût été due, par application des articles 35 et 36 de la loi du 16 septembre 1807, le conseil d'État aurait dû les renvoyer devant les juges compétents pour y faire régler l'indemnité par eux réclamée. L'arrêt du 9 juin 1830, qui prononce le rejet pur et simple de la requête, décide donc, implicitement, que la ville de Limoges ne devrait aucune indemnité aux réclamants.

Si l'article 12 du décret du 15 octobre 1810 ne prononce aucune indemnité, à la charge des communes intéressées, en faveur des propriétaires d'ateliers insalubres supprimés par acte du chef du gouvernement en conseil d'Etat, il est rationel de penser qu'il en est de même lorsque, pour des motifs analogues, la destruction d'étangs marécageux et insalubres, ou causant des inondations périodiques, est également prononcée par le chef du pouvoir exécutif.

Ainsi on peut s'étayer sur la jurisprudence du conseil d'Etat pour soutenir que les communes n'ont aucune charge à supporter à l'occasion de la destruction des étangs, dont la suppression est prescrite par le décret de 1792 qui nous occupe. C'est donc une preuve nouvelle que les articles 35 et 36 de la loi du 16 septembre 1807 ne sont venus ni révoquer ni modifier les dispositions antérieures.

20. Une dernière objection pourrait se présenter à l'esprit pour paralyser l'action du décret des 11-19 septembre 1792; on pourrait se demander si l'autorité de ce décret n'a pas été infirmée par le décret plein de violence du 14 frimaire an II?

Il n'est pas douteux que tant que la France a été placée sous l'ordre brutal de destruction immédiate, et à peine de confiscation, de tous les étangs, le décret de 1792 était implicitement abrogé; car la sage distinction apportée, en 92, entre les étangs nuisibles et ceux qui sont inoffensifs avait disparu; les autorités municipales n'avaient plus besoin de provoquer aucune mesure à cet égard, puisque, dans son texte impitoyable, le décret de l'an II ordonnait, de la manière la plus impérative, la destruction et la mise en culture de tous les étangs; et là où la loi parlait ce langage impératif et menaçant, les administrations de département n'avaient plus rien à faire. Mais aussitôt que, par le nouveau décret du 13 messidor an III, la Convention elle-même eut rapporté les mesures décrétées en l'an II, le décret de 1792 qui avait disparu, submergé sous cette mer de violences, reprit force et vigueur, par cela même que le flot d'arbitraire qui l'avait enseveli momentanément s'était retiré pour ne plus reparaître. Il faut noter que l'autorité du décret de 1792 n'eut besoin d'aucune confirmation expresse; car, en l'an II, aucune révocation expresse n'avait été fulminée contre lui.

La crainte de la famine avait seule dicté la mesure arbitraire de l'an II; cette crainte passée, et la mesure qui en avait été la suite étant reconnue impuissante, on est revenu, par la force des choses, à l'ordre d'idées vraies et simples qui avait dicté le décret de 1792, et l'intérêt permanent de la salubrité, perdu de vue par des yeux qu'égarait la frayeur de la disette, reprit toute sa force et tout son empire; dès lors, le décret des 11-19 septembre 1792 continua d'être, pour l'avenir, ce qu'il était dans le passé, un décret de sage prévoyance et de bonne administration.

21. Maintenant que nous avons vérifié que rien, dans l'ensemble de la législation, ne peut porter atteinte à la force du décret des 11-19 septembre 1792, recherchons quelles difficultés de détail il peut rencontrer dans son application. Ces difficultés peuvent venir de deux côtés, ou de la part des autorités appelées à concourir à son application, ou de la part des propriétaires et ayants droit des étangs.

Nous avons déjà dit que les maires devraient provoquer, soit d'office, en vertu du droit de police qui leur appartient, soit sur les réclamations portées devant eux, les mesures d'instruction destinées à constater si les étangs avoisinant leur commune sont marécageux et insalubres, ou s'ils occasionnent habituellement des inondations. En cas de négligence de la part des maires, les préfets peuvent, conformément à l'article 15 de la loi du 18 juillet 1837, faire, eux-mêmes ou par un délégué spécial, procéder aux mêmes actes d'instruction, après mise en demeure adressée à l'autorité municipale. Enfin nous avons indiqué la marche à suivre pour vaincre la résistance que les conseils municipaux pourraient opposer, dans des vues d'intérêt personnel, et qui consiste à interpeller chacun de leurs membres, sur l'intérêt direct qu'il peut avoir à la destruction demandée; mais enfin, supposons qu'il existe un conseil municipal dont les membres, peu éclairés, ne comprennent pas ou ne veulent pas comprendre que les miasmes pestilentiels d'un étang vaseux et mal construit sont la cause des maladies épidémiques ou épizootiques qui déciment leur commune; l'administration serait-elle condamnée à laisser mourir cette population aveugle? Nous ne le pensons pas. Le refus de concours du conseil municipal serait, sans doute, une raison de faire hésiter l'administration, de multiplier les enquêtes et les vérifications; mais, une fois la cause du mal bien constatée, nous pensons que le gouvernement devrait passer outre, et ordonner la destruction d'un étang reconnu insalubre ou nuisible par les inondations qu'il cause, et cela, en vertu de deux principes posés en l'an VIII et en 1807 : 1° que l'administration appartient au préfet; 2° que le gouvernement peut intervenir dans les questions de salubrité qui intéressent les communes, et même leur créer des charges, en leur imposant des travaux jugés nécessaires. Comme maire, comme préfet, nous croirions nous rendre complice du fléau qui décime de malheureuses populations, si, en présence du refus de concours d'un conseil municipal inintelligent, nous abandonnions l'application, reconnue nécessaire, du décret des 11-19 septembre 1792, et il n'est pas douteux pour nous que le gouvernement, en conseil d'Etat, ne reculerait pas devant l'application de la loi de 1792.

Au surplus, s'il pouvait s'élever des doutes sérieux sur la légalité de la marche que nous indiquons, le gouvernement aurait dans la main un moyen bien simple de vaincre la résistance aveugle qui lui serait opposée; ce serait de comprendre les étangs dans la classe des établissements insalubres, comme il y a déjà compris les routoirs, et alors il s'agirait, non plus d'appliquer la loi de 1792, mais l'article 12 du décret du 15 octobre 1810, qui permet au gouvernement, en conseil d'Etat, de prononcer, seul et sans le concours des conseils municipaux, la destruction d'ateliers insalubres de première classe, reconnus d'une insalubrité notoire ; en un mot, il y aurait à faire, pour les étangs marécageux et nuisibles, ce qu'il a été fait pour les fosses d'immondices de la ville de Limoges. (*Voir, ci-dessus*, n° 19.)

Ainsi, dans les agents administratifs appelés à concourir à son application, le décret des 11-19 septembre 1792 ne peut rencontrer aucune difficulté sérieuse, et s'il s'en présentait, le gouvernement serait en mesure de les surmonter promptement.

22. On a vu des propriétaires d'étangs à détruire prétendre qu'on devait les indemniser, qu'il fallait acheter leur étang, conformément à la loi du 3 mai 1841, puis qu'ensuite les communes, le département ou l'Etat en feraient la destruction comme bon leur semblerait.

En ce qui touche les communes, à la réquisition desquelles cette destruction doit avoir lieu, nous avons établi qu'elles n'étaient tenues à aucune indemnité, et que les articles 35 et 36 de la loi du 16 septembre 1807 ne leur imposaient aucune charge de ce genre. En ce qui touche les départements ou l'Etat, on en est à se demander sous quels prétextes on pourrait prétendre réclamer d'eux une indemnité.

D'après le décret des 11-19 septembre 1792, la destruction doit être faite par les propriétaires ; c'est une charge qui leur est imposée, de même qu'on oblige les meuniers, dont la retenue est trop élevée et cause des inondations, à abaisser le niveau de leur barrage ; c'est sans stipulation d'indemnité que ces charges sont imposées aux uns et aux autres ; donc, ils ne peuvent prétendre en obtenir une. Toullier, dans son traité du droit civil (tome III, n° 137), avait pensé le contraire ; mais M. Daviel, *Traité de la législation et de la pratique des cours d'eau*, n° 820, tome III, p. 181, répond victorieusement : « c'est supposer qu'une possession désastreuse est légitime ; c'est supposer qu'on peut acquérir par prescription le droit de ravager les propriétés d'autrui et de nuire à la santé publique. S'il s'agissait de procurer un avantage au pays, un étang ne pourrait être détruit sans indemnité ; mais il s'agit de supprimer une cause de calamité publique, et nul ne peut dire que par là on lui ôte rien de son droit. » La destruction des étangs prescrite par le décret de 1792 n'est, ainsi que nous l'avons déjà dit, que la destruction d'un abus; à ce titre, le propriétaire ne peut prétendre aucune indemnité, cela est hors de doute.

La difficulté s'est présentée devant l'administration, et elle a refusé d'admettre le principe de l'indemnité, en se fondant sur cette considération qu'avant la construction des digues et chaussées, les eaux qui formaient l'étang nuisible coulaient, soit à l'état de ruisseau, soit en nappes d'eau, comme toutes les eaux pluviales, sans causer de dommage. C'est donc aux auteurs des digues et chaussées à répondre des conséquences d'un état de choses dommageable provenant de leur fait. Au lieu d'user de leur droit de propriété, ils en ont abusé, et l'administration vient, dans l'intérêt public, réprimer ce que leur mode de jouissance a d'abusif.

Que par des curages, ou autrement, les propriétaires d'étangs insalubres mettent leur propriété en tel état, qu'elle cesse de porter préjudice au pays, et l'administration n'aura rien à leur prescrire; ce n'est donc pas de l'étang lui-même que l'administration poursuit la destruction, elle ne combat que les torts et dommages causés aux localités voisines. Que l'eau qui croupit dans un étang insalubre ait repris son cours naturel, et le sol sera mis en culture en sorte que le propriétaire n'aura, bien évidemment, subi aucune expropriation. Au lieu de poissons qui sentent la vase, il élèvera des bestiaux dont la chair succulente donnera de la force et de la vigueur aux populations chétives que déciment aujourd'hui les miasmes pestilentiels de ses étangs. Le plus souvent l'opération sera lucrative et avantageuse au propriétaire de l'étang, il est donc incontestable qu'il n'a aucune indemnité à demander. Ces principes sont tellement palpables que des commissions administratives instituées pour examiner la question, en Sologne, se sont écriées : « Qu'on « rende à chacun le pouvoir de disposer de sa propriété, et bientôt « on verra des récoltes là où croupissent des eaux infectes! »

Serait-il donc nécessaire, ainsi qu'on le demandait alors, d'avoir recours au législateur, pour en obtenir le rachat des servitudes qui grèvent les étangs, toutes les fois que l'intérêt de la salubrité est attaché à leur destruction. Déjà, nous l'avons dit, nous pensons le contraire; fournissons nos preuves. A cet effet, il nous faut rechercher la nature des droits et servitudes qui grèvent les étangs, et établir que l'administration peut en prescrire le rachat ou la modification.

25. En droit civil, il faut distinguer avec soin les simples servitudes ou services fonciers, et les droits d'usage qui attribuent une partie notable de la jouissance à un autre que le propriétaire.

En ce qui touche les simples servitudes, le propriétaire du fonds servant ne peut, suivant l'article 701 du Code civil, rien faire, de son autorité privée, qui tende à en diminuer l'usage ou à le rendre plus incommode. Et si, par ordre supérieur ou par un fait de force majeure, les choses se trouvent en tel état qu'on ne puisse plus user des servitudes, celles-ci cessent d'exister (art. 703 Code civ.). Par contre, le propriétaire du fonds servant n'est pas tenu, à moins que le titre constitutif de la servitude ne l'y oblige d'une manière expresse, de faire les travaux nécessaires pour conserver l'exercice des servitudes dont il est grevé; ces ouvrages doivent être faits par celui auquel la servitude est due, et à ses frais. Cela résulte des articles 697 et 689 du Code civil. Si gênantes, si onéreuses que deviennent les servitudes, elles ne peuvent être rachetées, par le propriétaire du fonds servant; et si jamais elles deviennent inutiles au fonds dominant, le maître de cet héritage ne peut les transporter à un autre héritage voisin. Telles sont les règles de droit civil.

Les affectations de la propriété, qui attribuent certaine partie de la jouissance à des usagers non propriétaires, constituent ou un véritable droit de copropriété successif ou un droit de vive pâture, ou enfin un droit de vaine pâture. Ainsi, la rotation qui s'opère, en Bresse et dans la Dombes, entre les propriétaires de l'*évolage* et les propriétaires de l'*assec* (1) (l'évolage appartenant le plus souvent à un seul, ou à plusieurs, suivant la part fixée par leurs titres) (l'assec partagé le plus souvent entre divers usagers, suivant l'étendue de leurs *pies* ou portions d'héritages inondés), constituent un véritable droit de copropriété, dont chaque partie est frappée d'une contribution foncière distincte, par l'art. 80 de la loi du 3 frimaire an VII; dès lors cette communauté est soumise à l'action en partage, d'après l'article 815 du Code civil. (Arrêts de cassation, 31 janvier 1838 et 5 juillet 1848.— *Voir Journal du Palais*, t. 1er de 1838, p. 368 et t. 2 de 1848, p. 178.) Ainsi les droits de brouillage, de champéage et de naizage (2) sont classés par la cour de cassation (arrêt du 5 juillet 1848; *V. J. du Palais*, t. 2 de 1848, p. 181) parmi les droits de vive pâture rachetables par voie de cantonnement, aux termes des lois des 20-27 septembre 1790 (art. 8), 28 septembre-6 octobre 1791, titre Ier, section 4 (art. 8) et 28 août 1792 (art. 5). Cette cour a considéré que le droit de pâturage sur les étangs devait être assimilé au droit de pâturage sur les marais, qui constitue un droit de vive pâture, c'est-à-dire un droit permanent qui s'exerce en toute saison sur tout ce qui peut tomber sous l'exercice de ce droit, tandis que la vaine pâture est celle qui ne s'exerce qu'après la récolte faite, et pendant une partie seulement de l'année.

Si le droit de pâturage sur un étang s'arrêtait à la partie qui, à l'arrière saison, est mise à sec par la chaleur, et si l'entrée des étangs, tant qu'ils restent en eau, était interdite aux bestiaux, on serait en droit de soutenir que c'est là, véritablement, un droit de vaine pâture, entièrement assimilable à la dépaissance des prairies,

(1 et 2) Pour l'explication voir ci-dessus no 15.

après la première coupe des herbes. Les poissons constituent les produits ordinaires d'un étang; quand l'eau vient à se retirer des bords, c'est un résultat analogue à ce qui se passe quand les foins sont fauchés et enlevés des prairies. Suivant cette doctrine le rachat de droits assimilés à la vaine pâture devrait s'effectuer, lorsqu'il est demandé, en argent et non par abandon d'une partie de la propriété, c'est-à-dire par cantonnements, et la loi des 27 sept.-6 octob. 1791, tit. Ier, section 4, art. 8, serait seule applicable.

Les charges les plus importantes dont les étangs soient grevés sont donc ou de véritables droits de copropriété indivise (et chacun des ayants-droit peut toujours sortir de l'indivision), ou des usages rachetables sur la demande du propriétaire, soit par cantonnement, soit à prix d'argent; et c'est ce que font librement ceux qui comprennent l'importance des améliorations que procure le changement des étangs en prairies et même en terres arables.

Les autres charges qui grèvent la propriété des étangs, et qui ne constituent pas des droits d'usage, sont des servitudes de puisage d'eau, de lavage du linge, d'abreuvage des bestiaux. Or, pour ces servitudes, s'il est vrai que le propriétaire ne peut, à aucun prix, s'en libérer entièrement par sa propre volonté, toujours est-il que si le mode primitif d'exercice de ces servitudes devient, sans la participation du propriétaire du fonds servant, par trop onéreux, celui-ci peut offrir un autre endroit où s'exercerait aussi commodément la servitude qu'il ne peut racheter (art. 701 du Code civil).

De tout ce que nous venons de dire, il faut conclure, en droit civil, que, 1° en ce qui touche les droits d'usage et de copropriété, qui grèvent les étangs, qu'il est toujours loisible au propriétaire de s'en affranchir par l'action en partage ou par un rachat (en argent ou en terrain); 2° en ce qui touche les servitudes proprement dites, qu'elles ne sont pas rachetables, que les propriétaires d'étangs ne peuvent en gêner ni modifier l'exercice; mais que si, dans leur fait, le mode primitif d'exercer ces servitudes devient trop onéreux, on doit faire tout ce qui est possible pour concilier l'exercice de ces servitudes avec l'usage de la propriété.

Il faut donc reconnaître, d'après le droit civil, que si l'étang est supprimé, et que sa mise en culture rende nécessaire le rachat des droits d'usage ou le changement de mode d'exercice des servitudes, ces conséquences sont conciliables avec la loi civile.

24. En droit administratif, ainsi que nous l'avons déjà dit ci-dessus, n° 16, il est clair que, lorsque l'intérêt public de la salubrité commande, les usagers, les riverains ayant des droits, des servitudes, ne peuvent prétendre arrêter la marche de l'administration.

Enfin, il est hors de doute que les détenteurs de droits d'usage ou de servitude, quelle que soit leur condition, n'auraient aucune action en indemnité à exercer, ni contre l'Etat, ni contre les départements, ni contre les communes voisines; en effet, n'ayant qu'un démembrement de la propriété, ils ne peuvent prétendre exercer des actions refusées, dans les mêmes circonstances, à la propriété la plus absolue.

Mais quelle sera leur condition vis-à-vis du propriétaire de l'étang.

Dès que c'est à la voix de l'intérêt public que l'état des lieux doit changer, c'est le propriétaire du fonds servant qui invoque, contre les usagers et contre les détenteurs des fonds jouissant de servitudes, le bénéfice des règles du droit civil ; il soutient qu'il n'a qu'à souffrir l'exercice des servitudes dont il est grevé, sans être tenu de rien faire pour en assurer l'usage (art. 697 et 698 du Code civil); enfin, même, il prétend qu'il se trouve libéré de toute servitude, dès que les choses se trouvent en tel état, qu'on ne peut plus user des servitudes primitives. Mais l'administration, protectrice des droits de tous, peut, très-légitimement, déclarer qu'elle entend réserver les droits des tiers, elle peut fixer les lieux où seront établis les bassins, lavoirs, abreuvoirs destinés à assurer l'exercice de ces droits. C'est ce que professe M. Macarel (*v° Etangs*, n° 9, *Cours de droit administratif*, t. III, p. 112.)

Le savant professeur va plus loin, il pense qu'en cas de destruction devenue nécessaire, cette mesure doit toujours être prise «sauf « les indemnités qui peuvent être dues pour l'anéantissement des « servitudes existantes en faveur des tiers. »

25. Cette doctrine qui semble en contradiction avec les dispositions précités des articles 697, 698 et 703 du Code civil est cependant fondée en droit et en raison, au moins dans la plupart des cas. Nous avons en effet établi ci-dessus que lorsque les étangs sont convenablement établis, qu'une profondeur d'eau suffisante leur est assurée dans toutes leurs parties, et qu'on ne laisse pas les vases s'accumuler, ces retenues d'eau n'offrent pas de graves inconvénients, et qu'on n'est pas dans la nécessité d'en prononcer la destruction d'office. Il est donc constant que les propriétaires d'étangs devenus insalubres, au point qu'on en poursuive la destruction, sont, par eux ou leurs auteurs, en faute, soit en raison du mauvais établissement, soit en raison du mauvais entretien de ces étangs devenus des foyers d'infection. Dès lors, si leur faute est le principe de la destruction prononcée par le gouvernement, au point de vue du droit civil lui-même, ils se trouvent placés dans un cas d'exception, et ils ne peuvent invoquer les dispositions de l'article 703, pour prétendre être exemptés, ou de faire les travaux qui autant que possible concilieront l'état de choses actuel avec l'exercice des servitudes primitives, qui grevaient leurs héritages, ou de payer l'indemnité qui peut être due pour l'anéantissement complet des servitudes dont l'usage serait reconnu inconciliable avec les nouvelles cultures données au sol des étangs desséchés.

Si toutefois il arrivait qu'un étang fût insalubre sans qu'on eût aucune faute à reprocher à son propriétaire, alors chacun des détenteurs des portions ou subdivisions de la propriété subirait, d'après les règles du droit civil, les conséquences de l'ordre souverain qui en ordonnerait la destruction, et cet ordre souverain devrait être considéré comme un fait de force majeure. Le propriétaire en subirait les conséquences fâcheuses ou avantageuses, et si la suppression de l'étang entraînait la destruction des servitudes, aucune indemnité ne serait due aux détenteurs de ces droits supprimés (1). Cependant nous pensons qu'on devrait leur permettre d'exécuter à leurs frais les travaux nécessaires pour accommoder l'exercice de leur servitude avec la mise en culture des étangs, si, moyennant une modification, on pouvait concilier la conservation des servitudes anciennes avec l'état des choses nouveau, résultant de l'application du décret des 11-19 septembre 1792.

Au surplus, si des contestations s'élevaient sur les questions d'intérêt privé que peut soulever la destruction des étangs, ce serait aux tribunaux civils qu'il faudrait en soumettre le jugement. En conséquence, nous n'hésitons pas à penser que le propriétaire de l'étang supprimé auquel l'administration aurait prescrit l'établissement de réservoirs, de lavoirs ou d'abreuvoirs, alors qu'il ne devrait ni servitude de puisage, ni de lavage, ni d'abreuvage, aurait le droit, après avoir fait trancher ces questions d'existence de servitude par les tribunaux civils, de revenir devant l'administration pour faire réformer les dispositions du décret de suppression qui seraient contraires à son droit; et, si contre toute attente, le gouvernement persistait dans des prescriptions sans fondement réel, il n'est pas douteux que, blessé dans ses droits, ce propriétaire serait admis à se pourvoir devant le conseil d'Etat, par la voie contentieuse, pour obtenir la réformation des dispositions qui porteraient atteinte à ses droits de propriété.

CHAPITRE IV.

26. Après avoir discuté les diverses difficultés que peut rencontrer l'application du décret de 1792, soit de la part des autorités administratives, soit de la part des propriétaires, usagers et ayants droit des étangs soumis à l'empire de ce décret, nous devons rechercher, si la mise en culture des étangs insalubres, ou qui occasionnent des inondations, ne peut pas rencontrer des obstacles extérieurs du chef des propriétés voisines.

(1) Un arrêt de la cour d'Orléans, du 6 décembre 1838 (*Brucy c. P ochasson et autres*), décide que lorsque la destruction d'un étang est prononcée, *sans aucun fait imputable au débiteur de la servitude*, le fonds asservi a complétement changé de nature, et que les servitudes d'abreuvage et de pacage, dont l'étang était grevé, sont éteintes sans indemnité, ne pouvant plus s'exercer, suivant le mode et dans les limites des actes constitutifs desdites servitudes.

C'est ainsi que M. Garnier, dans sont *Traité du Régime des eaux*, n° 799, fait connaître que la destruction des étangs peut être combattue par les propriétaires voisins, lorsqu'ils ont acquis des droits sur l'étang qu'on veut dessécher, ou encore lorsque le dessèchement projeté doit les grever d'une servitude ou d'une aggravation de servitude, par suite du nouvel écoulement des eaux.

C'est ainsi que, par arrêt du 30 août 1808 (*V. Jour. du palais*, t. VII, p. 123), la cour de cassation a décidé que le propriétaire d'un étang supérieur ne peut forcer le détenteur d'un autre étang inférieur, existant de temps immémorial, à baisser le niveau de ses eaux, bien que par là le dessèchement de l'étang supérieur soit impossible.

27. Ces entraves, externes pour ainsi dire, qui peuvent gêner l'application du décret de 1792, doivent être discutées au point de vue du droit civil d'abord, et ensuite au point de vue du droit administratif. Nous examinerons donc successivement sous ce double aspect, 1° le cas où les eaux des étangs inférieurs refluent sur les étangs supérieurs et en empêchent le dessèchement complet; 2° le cas où les propriétaires inférieurs réclament des droits d'arrosage, ou lorsque les eaux leur sont nécessaires pour faire mouvoir des usines; 3° enfin le cas où ils se plaignent du changement du mode d'écoulement des eaux.

28. En droit civil, il importe d'examiner quand les étangs inférieurs ont le droit de faire refluer leurs eaux sur les étangs supérieurs, de manière à en empêcher l'entier dessèchement.

1° Lorsqu'il existe un titre formel; 2° lorsqu'il y a destination du père de famille, l'héritage supérieur est bien légitimement assujetti envers l'héritage inférieur à supporter l'inondation que les eaux peuvent occasionner.

Mais en est-il de même lorsque le propriétaire inférieur ne peut invoquer à son profit que la prescription, résultant de ce que les choses sont depuis plus de trente ans dans l'état qu'on veut détruire? Des doutes s'élèvent à cet égard dans notre esprit. L'affirmative semble s'appuyer sur la sagesse de la loi romaine au titre *de aquâ et aquæ pluviæ arcendæ*. En effet, aux termes de la loi 1re, § dernier, le principe posé par l'article 640 de notre Code civil est la règle fondamentale; d'après la nature des choses, le fonds inférieur est tenu de supporter l'écoulement des eaux provenant de l'héritage supérieur: «*Labeo... ait... agri naturam esse servandam: et semper inferiorem superiori servire.*» La loi romaine admet aussi la double conséquence rappelée par la loi française, à savoir que «le propriétaire inférieur ne peut point élever de digue qui empêche cet écoulement» et que «le propriétaire supérieur ne peut rien faire qui aggrave la servitude du fond inférieur. » « *Quod si, opere facto, aqua in superiorem partem repellitur, aut in inferiorem derivatur, aquæ pluviæ arcendæ actionem competere.* (*V. l.* 1re, § 10 *dict. tit.*) Mais si l'ouvrage a été fait au vu et su du voisin, et sans qu'il ait réclamé, la règle cesse d'être applicable : « *Labeo ait si patiente vicino opus faciam, ex quo ei aqua pluvia noceat : non teneri me actione pluviæ arcendæ* (*V. l.* 19 *dict. tit.*) Cette solution est irréfragable lorsqu'une possession publique, paisible et non précaire est venue consacrer les travaux exécutés de main d'homme :... *Hoc idem sequimur, ut ubi servitus non invenitur imposita* (id est stipulatione expressâ), *qui diu usus est servitute, neque vi,* NEQUE PRECARIO, *neque clam, habuisse longa consuetudine, vel ex jure impositam servitutem videatur.* (*V. l.* 1re, § *ult.*)» Il en est de même sous l'empire du Code civil, qui, par son article 690, dispose que les servitudes continues et apparentes, telles que celles dont il s'agit ici, s'acquièrent par la possession de trente ans, tout aussi bien que par titre.

Mais chacun de ces textes, en même temps qu'il semble prouver que la servitude, dont nous nous occupons, existe après une durée de trente ans, contient des raisons de décider le contraire. En effet, tant que l'ouvrage établi de main d'homme ne cause aucun dommage, l'opinion de Labeon manque par sa base ; si la possession est précaire, ni la loi 1re, § dernier du titre *De aquâ et aquæ pluviæ arcendæ*, ni l'article 690 du Code civil ne sont applicables. Or, lorsque deux étangs se touchent, qu'ils sont vidés et pêchés ensemble, quel intérêt peut avoir le propriétaire de l'étang supérieur à empêcher que sa digue soit baignée par les eaux de l'étang inférieur ? Permettre cet état de choses, qui ne touche en rien la propriété supérieure, qui ne peut y nuire, c'est faire acte de bon voisinage, et non consentir à l'asservissement réel de sa propriété envers l'étang inférieur ; car, pendant que les deux terrains sont en étangs, souffrir cet état de choses ce n'est permettre, sur l'héritage supérieur, aucune mainmise, de la nature de celles prévues par l'article 642, lorsqu'il s'agit de laisser acquérir, au fonds inférieur, des droits à l'usage des eaux de la source qui naît dans l'héritage supérieur. Il en serait autrement si, l'étang d'amont étant desséché, le propriétaire avait supporté pendant trente ans le reflux des eaux de l'étang inférieur sur sa propriété. En droit civil, nous pensons que, tant que deux terrains sont couverts d'eau et en étangs, le terrain d'aval, bien que ses eaux baignent la chaussée de l'étang d'amont, n'acquiert pas, par droit de servitude, la faculté de maintenir ses eaux à un niveau, tel qu'elles puissent noyer cet étang en tout ou en partie, par le reflux des eaux inférieures. Au surplus, si des difficultés s'élèvent à cet égard, c'est aux tribunaux civils qu'il appartient d'en connaître.

29. Si notre opinion ne devait pas être admise, en présence du jugement du tribunal d'Epernay du 19 décembre 1806, et de l'arrêt de la cour de Paris du 22 juin 1807, confirmés par l'arrêt de cassation précité du 30 août précité, nous devrions rechercher avec soin si le droit d'inonder l'étang supérieur acquis à l'étang inférieur pourrait porter obstacle à l'application du décret de 1792?

D'abord, l'administration, le plus souvent, regardera les deux étangs comme insalubres, et en ordonnera la destruction simultanée ; mais supposons l'étang inférieur à l'abri de tout reproche d'insalubrité, est-ce que l'administration serait condamnée à voir, à perpétuité, des populations décimées par suite des fièvres qui résulteraient des émanations d'un étang imparfaitement desséché, et devenu peut-être un peu plus marécageux et un peu plus insalubre que lorsqu'il était entièrement couvert d'eau? Cette conclusion est inadmissible; mais, dans ce cas de servitude légalement constatée, il faut reconnaître que le droit civil n'offre aucune ressource, pour vaincre la résistance du propriétaire du fonds inférieur, qui refuserait d'abaisser le niveau de ses eaux, ou qui y mettrait pour condition le payement d'indemnités exagérées.

Le droit administratif fournit, au contraire, à l'autorité publique deux moyens, à peu près également infaillibles, de faire exécuter un abaissement suffisant des digues et chaussées de l'étang inférieur, de manière à prévenir l'inondation de l'héritage supérieur.

L'administration peut se borner à régler la hauteur de l'eau de l'étang inférieur de manière à empêcher toute inondation de l'héritage supérieur, en ajoutant à son règlement, pour valoir ce que de droit, la réserve générale des droits des tiers. Or, par cette façon de procéder, il faut bien le reconnaître, on détruira les inondations du fonds supérieur. Mais réservera-t-on une action utile et sérieuse au propriétaire qui sera ainsi dépouillé d'un droit de servitude reconnu à son profit? telle est la question grave qui nous reste à examiner.

30. M. Daviel (n° 569 de son *Traité de la législation et de la pratique des cours d'eau*) pose en principe que « de particulier à particulier, les modifications résultant de l'application d'un nouveau « règlement sont un fait du prince, force majeure dont personne ne « doit garantie ou indemnité.» En effet, dit le même auteur, « de ce « que l'un serait gratifié en même temps que l'autre serait dépouillé, « à quel titre le second réclamerait-il du premier une indemnité? « Celui-ci répondrait qu'il n'a rien demandé à l'administration, et « qu'on ne peut le forcer à payer ainsi un avantage qu'il n'a pas recherché. »

On peut ajouter dans le même sens que, bien qu'il pût s'agir ici d'étangs alimentés par des eaux pluviales, ou par des eaux de sources, eaux essentiellement privées, les conventions faites entre les propriétaires voisins n'ont pu être faites, entre eux, que sous la condition de ne pas nuire au public, et que le jour, où ce dommage se manifeste, toute servitude, de quelque manière qu'elle ait été constituée, cesse de pouvoir être invoquée. Tout cela serait parfaitement juste et ne souffrirait aucune difficulté si le particulier gratifié par l'administration n'avait aucun reproche à se faire, et si l'action de l'administration, nuisible à un tiers, n'était pas intervenue par suite d'une faute, dont le propriétaire de l'étang supérieur, lui ou ses auteurs, se seraient rendus coupables, et dont ils seraient responsables. Or, il n'en est pas ainsi, quand, par la mauvaise construction de leur étang, par l'accumulation des vases qu'ils ont laissé amasser depuis des siècles, l'étang supérieur est devenu insalubre, et qu'ils ont mis l'administration dans la nécessité d'en ordonner la destruction? Quand, par là, ils entraînent l'abaissement du niveau des eaux de l'étang inférieur ne doivent-ils aucune indemnité? Notez que, précisément, l'un des éléments de bonne construction, au point de vue de la salubrité, consistait, pour l'étang inférieur, dans la faculté de venir baigner par ses eaux, en toute saison, la chaussée de l'étang supérieur ; or, cet étang mis en culture, cette bonne précaution devient une cause nouvelle d'insalubrité, et l'administration, qui voit un danger nouveau, en assure la destruction par l'abaissement du niveau des eaux de l'étang inférieur. Dans ce cas, il paraît évident que les propriétaires de l'étang supérieur, affranchis de la servitude d'inondation partielle de leur héritage à laquelle ils étaient soumis, ne sont pas ici sans faute, et ne peuvent pas venir dire qu'on leur fait payer ce qu'ils n'ont pas demandé. S'ils avaient établi et conservé leur étang dans de bonnes conditions de salubrité, l'administration n'aurait pas prononcé la destruction de leur étang, et, par suite, elle n'eût pas songé à supprimer un droit de servitude qui, exercé par un étang inférieur sur la chaussée d'un étang supérieur, était utile à la salubrité publique, en ce qu'elle empêchait la mise à sec des vases de la queue de cet étang inférieur.

Cette position ne ressemble en rien à celle dont s'occupe M. Daviel; le fait dont il examine les conséquences est celui-ci : Propriétaire d'une usine supérieure, je vous cède une partie de ma chute, je vous autorise à faire refluer les eaux sous les roues de mon usine; mais par là, faute d'avoir opéré l'endiguement du cours d'eau, vous inondez les propriétés riveraines, et l'administration vous oblige à abaisser votre point d'eau. D'après le nouveau règlement, intervenu par ordre de l'autorité publique, les roues de mon moulin se trouvent dégagées, comme elles l'étaient avant la cession que je vous ai faite. Je n'ai aucun reproche à me faire, vous seul êtes en faute, et si vous venez me demander de vous rendre le prix de l'indemnité que vous m'avez payée, je suis en droit de vous répondre, que je n'ai pas recherché l'avantage qui m'est donné, et que je ne puis être dès lors tenu de vous le payer.

Si, au contraire, aucune faute ne peut être reprochée au propriétaire de l'étang, ce serait le cas, suivant les principes posés au paragraphe 25 ci-dessus, d'affranchir de toute indemnité le propriétaire de l'étang supérieur. Mais on doit alors se demander s'il est juste de procéder par deux règlements successifs 1° à la destruction de l'étang supérieur; 2° à l'abaissement du point d'eau de l'étang inférieur, alors que par lui-même l'étang inférieur était bien réglé, et que, dans l'état primitif des deux propriétés, il ne causait aucun dommage? Pour nous, nous pensons que ce n'est point là une marche franche, nette, telle qu'il convient à l'administration de la suivre. Nous devons répéter, au surplus, que les questions de faute et de responsabilité civile doivent s'agiter devant les tribunaux de l'ordre judiciaire, et non devant l'administration ni devant les tribunaux administratifs.

31. La seconde voie ouverte à l'autorité administrative est celle qui est la plus simple et la plus directe, celle qui mène droit à la conclusion; mais les règles de compétence sont modifiées; l'administration, lorsqu'elle s'occupe de détruire un étang supérieur insalubre, peut et doit prévoir la nécessité de faire abaisser le niveau de l'étang inférieur, dont le caractère inoffensif, dans l'état primitif, sera nuisible après le desséchement; afin de donner à l'opération un caractère obligatoire pour la propriété inférieure, aux enquêtes *de commodo et incommodo* décrites ci-dessus, elle doit ajouter une enquête d'utilité publique, dans la forme prévue par l'ordonnance du 18 février 1834, afin d'armer l'opération de destruction de l'étang insalubre du droit d'expropriation, si cela est nécessaire; et par là de lui assurer des voies d'écoulement larges et faciles à travers les héritages inférieurs. La légalité de cette marche est incontestable, car, ainsi que nous l'avons dit plusieurs fois, la destruction d'un étang insalubre constitue une opération de *nécessité publique*, qui doit, évidemment, être déclaré d'*utilitée publique*, lorsqu'on demande à lui donner ce caractère. Seulement une nouvelle question se présente: on peut demander si l'article 48 de la loi du 16 septembre 1807 est applicable; mais nous renvoyons l'examen de cette question au paragraphe 35 ci-après: nous ne nous occupons ici que du mode de fixation de l'indemnité réclamée. Or, de deux choses l'une, ou le propriétaire de l'étang supérieur est dans la nécessité de pratiquer sur les héritages inférieurs des fossés et canaux d'écoulement, pour lesquels il est obligé, en cas de refus, d'avoir recours à l'expropriation pour cause d'utilité publique; ou il suffit de se borner à prescrire un abaissement du niveau des eaux inférieures.

En cas de contestation, dans le premier cas, le jury d'expropriation sera saisi de toutes les difficultés relatives à la fixation de l'indemnité pour le terrain à exproprier, et accessoirement de la question de dommages pour abaissement du niveau des eaux de l'étang.

Dans le dernier cas, l'abaissement prescrit ne peut constituer qu'un dommage permanent, dont la réparation doit être appréciée par le conseil de préfecture, dès que cet abaissement est prescrit comme accessoire d'une opération déclarée d'utilité publique; mais les tribunaux civils et les cours d'appel sont incompétents, dans l'un et l'autre cas, pour connaître de la fixation des indemnités réclamées.

32. Il en serait différemment dans le cas où des mares et flaques d'eau restant naturellement dans un étang desséché, le propriétaire, pour en opérer l'assèchement complet, bien que cela ne fût pas exigé par l'administration, demanderait, aux termes de l'article 3 de la loi du 29 avril 1845, la faculté de passage sur des héritages inférieurs, à l'effet de procurer un écoulement aux eaux nuisibles à la culture de sa propriété. Dans ce dernier cas, en effet, les contestations auxquelles pourraient donner lieu l'établissement de la servitude demandée, la fixation du parcours de la conduite d'eau, de ses dimensions et de sa forme, et l'appréciation de l'indemnité due au propriétaire du fonds traversé, appartiennent aux tribunaux civils, devant lesquels on procède comme en matière sommaire, c'est-à-dire, avec des formes de procédure aussi abrégées que le permet le Code de procédure civile.

33. Si l'on taxait d'arbitraire la distinction que nous venons d'établir entre le cas où il s'agit de fossés et canaux prescrits pour cause d'utilité publique, et le cas où il s'agit purement de fossés et d'aqueducs d'intérêt privé, peu de mots suffiraient pour justifier cette distinction fondamentale.

Lorsqu'il s'agit d'ouvrir des fossés ou canaux prescrits comme travaux d'utilité publique par l'administration, c'est l'administration seule qui fixe le parcours de ces fossés et canaux, leur forme et leurs dimensions; cela est incontestable; il est dès lors naturel de penser qu'il y a dérogation complète aux règles de compétence tracées par l'article 4 de la loi du 29 avril 1845, et que l'indemnité ne reste pas seule aux tribunaux civils, tandis que le reste leur échappe par la nature même des choses. Ce n'est pas tout, lorsque l'administration prescrit l'ouverture d'un canal ou fossé d'assainissement pour cause d'utilité publique, on procède par voie d'expropriation, et non par établissement d'une simple servitude de passage; la nature de l'ouvrage, prescrit dans le premier cas, et demandé librement dans le second, justifie cette différence. En effet, dans le premier cas, le fossé ou canal qu'il s'agit de creuser est un travail d'utilité publique dont la direction, les dimensions et la pente sont fixées par l'administration, à laquelle il appartient soit d'en surveiller l'exécution, soit d'en assurer le bon entretien, et cela, même d'office, par des travaux de curage, dont les rôles sont, aux termes de la loi du

14 floréal an XI, rendus exécutoires par le préfet, et recouvrés comme en matière de contributions publiques. Dès lors, les agents directs de l'administration, ses agents auxiliaires, les ingénieurs et les conducteurs, placés sous leurs ordres, ont une mission d'inspection et de contrôle, qui constitue un droit de visite et de passage sur le bord des fossés ou francs bords des canaux ainsi établis. Au contraire, dans le cas où le fossé d'écoulement est librement demandé par le propriétaire, c'est une œuvre privée qu'il a établie ; il est libre d'en abandonner l'entretien, et lui, ses ouvriers et ses serviteurs ont, seuls, pouvoir d'exercer le droit de passage, accessoire obligé du droit d'entretien qui lui appartient. Un arrêt de la chambre civile de la cour de cassation en date du 26 mars 1849, rendu entre le sieur Chantraine et M. Fouquier d'Hérouel, a consacré cette distinction, dont les conséquences ne doivent pas s'arrêter à l'époque de l'établissement des ouvrages. En effet, si après leur établissement un fossé ou canal déclaré travail d'utilité publique et un fossé d'écoulement de simple servitude privée, viennent, par des infiltrations ou autrement, à causer des dommages, dans le premier cas, c'est au conseil de préfecture à fixer le montant des dommages et intérêts, et au ministre des travaux publics, sur le rapport des ingénieurs, à ordonner les ouvrages destinés à prévenir le retour de ces dommages. Dans le second cas, les tribunaux civils sont seuls compétents pour trancher la double difficulté, et de fixation de l'indemnité, et de travaux préservateurs à exécuter. Ajoutons qu'alors ces sortes de contestations, par induction de l'article 4 de la loi du 29 avril 1845, nous paraissent devoir être instruites, dans les formes sommaires indiquées par cette loi.

34. Examinons maintenant les difficultés qui peuvent se présenter lorsque, aux termes du décret de 1792, l'administration ordonne la destruction d'un étang, sur les eaux duquel des propriétaires inférieurs prétendent exercer des droits de prise d'eau, soit pour l'arrosage de leurs terres, soit pour la mise en mouvement de moulins et usines.

En droit civil, les propriétaires inférieurs ne sont fondés à demander la conservation de l'usage qu'ils font des eaux d'un étang qu'autant, 1° qu'ils produisent un titre exprès, dont ils ne se sont pas désistés par non usage pendant trente ans et plus ; 2° qu'ils établissent que l'affectation des eaux de l'étang dont ils demandent le maintien, résulte de la destination du père de famille, ainsi que nous l'avons exposé ci-dessus, c'est-à-dire, en prouvant que les choses ont été créées ou maintenues, dans l'état où elles sont, par un propriétaire unique ; 3° qu'enfin ils ont acquis leur droit par prescription, c'est à-dire lorsqu'ils justifient qu'ils jouissent des eaux depuis trente années sans interruption, depuis le moment où ils ont fait et terminé, sur la chaussée de l'étang, ou sur l'étang lui-même, des ouvrages apparents destinés à faciliter la chute et le cours de l'eau dans leur héritage.

Hors de là, les eaux des étangs constituant une propriété privée, sur laquelle les riverains n'ont aucun droit de prise d'eau (Voyez M. Daviel, n° 816, *Traité de la législation et de la pratique des cours d'eau*), aucun droit de servitude ne peut être mis en avant, pour demander la conservation d'un étang. En rendant les eaux à leur cours naturel, le propriétaire de l'étang a satisfait à toutes les obligations.

Dans le cas où les propriétaires inférieurs ont un droit réel de prise d'eau, soit pour l'arrosage de leurs terres, soit pour la mise en mouvement de leurs usines, le propriétaire de l'étang n'aurait pu, par sa propre volonté, en opérer la destruction ; et si c'est par sa faute que l'autorité publique a prononcé cette destruction, par application du décret de 1792, les propriétaires inférieurs doivent être indemnisés, et, en cas de contestation, la difficulté doit être portée, ou devant les tribunaux civils, s'il y a eu application pure et simple du décret de 1792, ou devant les conseils de préfecture, si l'opération a été déclarée d'utilité publique.

35. On peut demander, dans ce dernier cas, si, pour réclamer une indemnité, l'usinier est tenu de justifier, préalablement, que son usine est légalement établie, conformément à l'article 48 de la loi du 16 septembre 1807.

Cet article est ainsi conçu : « Lorsque, pour exécuter un dessé-« chement, l'ouverture d'une nouvelle navigation, un pont, il sera « question de supprimer des moulins et autres usines, de les dé-« placer et modifier, ou de réduire l'élévation de leurs eaux, la « nécessité en sera constatée par les ingénieurs des ponts et chaus-« sées. Le prix de l'estimation en sera payé par l'État, lorsqu'il « entreprend les travaux ; lorsqu'ils sont entrepris par des con-« cessionnaires, le prix de l'estimation sera payé avant qu'ils puis-« sent faire cesser le travail des moulins et usines. Il sera d'abord « examiné si l'établissement des moulins et usines est légal, ou si « le titre d'établissement ne soumet pas les propriétaires à voir « démolir leurs établissements sans indemnité, si l'utilité publique « le requiert. »

Pour invoquer cette disposition, on peut soutenir que, dès que l'administration a recours à une déclaration d'utilité publique, c'est qu'il s'agit plutôt d'exécuter un desséchement de marais, qu'une simple destruction d'étang ; et que, dès qu'il s'agit d'une opération d'utilité publique, l'examen préalable de la légalité de l'établissement est de droit, l'application de l'article 48 de la loi du 16 septembre 1808 étant l'une des récompenses, l'une des facilités que la loi accorde aux concessionnaires des desséchements.

Suivant nous, toutefois, il faut écarter l'application de l'article 48, qui n'est pas édicté pour régir les rapports de droits civils qui existent entre deux propriétaires, dont l'un est reconnu débiteur d'une servitude envers l'autre.

L'examen préalable de la légalité de l'établissement des usines et l'examen des titres n'a pas pour but d'offrir au débiteur d'une servitude le moyen de s'en libérer, sans payer aucune indemnité ; mais il s'applique uniquement aux usines établies sur les cours d'eau naturels, dont les eaux sont détournées. Dès lors, nous n'hésitons pas à reconnaître que le propriétaire d'un étang, dont l'héritage est grevé de servitudes au profit d'usiniers inférieurs, ne peut invoquer les dispositions de l'article 48 de la loi du 16 septembre 1807 ; qu'il ne peut se dispenser de payer l'indemnité qui lui est réclamée, dans le cas où la destruction de son étang est devenue nécessaire pour cause d'insalubrité, ou par le fait d'inondations périodiques ; alors même que des travaux complémentaires à exécuter en dehors de l'étang étant indispensables, l'administration aurait fait reconnaître et proclamer l'utilité publique de cette opération.

36. Quant aux propriétaires inférieurs qui se plaindraient que les eaux leur seraient transmises d'une manière constante et variable suivant les saisons, ces plaintes seraient-elles bien fondées? La destruction d'un étang n'est que le retour à l'état primitif des choses. Dès lors on comprend que les propriétaires inférieurs sont mal venus à élever des plaintes contre un état de choses que l'article 640 du Code civil les oblige à supporter comme étant une servitude dérivant de la situation des lieux.

En règle générale, nous n'admettons donc pas qu'une réclamation de ce genre puisse être fondée; au surplus, ce que nous avons dit aux paragraphes précédents suffit pour résoudre les difficultés qui peuvent se présenter, et qui doivent être jugées exclusivement par l'autorité judiciaire.

CHAPITRE V.

37. Nous avons donc épuisé l'examen des entraves de tout genre que peut rencontrer l'application du décret des 11—19 septembre 1792. Ajoutons avec M. Macarel, § 8, v° étangs, t. III, p. 12 de son *Cours de droit administratif*, qu'il est évident « qu'au lieu d'or« donner la destruction d'un étang, l'administration supérieure « peut se borner à prescrire le *curage* toutes les fois que, éclai« rée sur les faits, elle pense que cette mesure satisfera les be« soins de salubrité publique ; dans ce cas, le propriétaire est tenu « soit d'obtempérer à ces ordres, soit de rembourser les frais de « l'opération, si, sur son refus, l'administration y faisait procéder « d'office. Elle serait encore, à un autre titre, investie de ce pou« voir, si l'étang était formé, si la masse des eaux était fournie par « une eau vive et courante. Alors serait applicable, en ce qui con-

« cerne le curage, la loi du 14 floréal an XI, qu'il faudrait combi-
« ner avec celle du 19 septembre 1792. »

Ce n'est pas seulement le *curage*, c'est aussi l'endiguement des étangs qui peut être prescrit par l'administration, dans le but de prévenir, soit les inondations, soit les émanations pestilentielles. On comprend, en effet, que l'établissement de digues latérales, et de chaussées construites à la queue de l'étang, sauf à pratiquer dans celles-ci de nombreuses vannes, qu'on tiendrait levées au moment où il s'agit de remplir l'étang avec les eaux de pluies, offrirait un remède contre une partie des inconvénients actuels des étangs, qui sont insalubres, ou qui occasionnent des inondations. Il faut remarquer, toutefois, que si les inondations à prévenir provenaient de la nature torrentielle des eaux alimentaires de l'étang, et si la contrée entière était soumise aux dévastations des débordements, les digues à construire latéralement aux étangs pourraient, par application de l'article 33 de la loi du 16 septembre 1807, être mises en partie à la charge des propriétés protégées, et en partie à la charge du propriétaire de l'étang; la fixation de la part contributive des premiers et du dernier devrait prendre pour base, d'une part les chances naturelles d'inondation de la localité, et de l'autre l'aggravation qui résulte de l'établissement de l'étang.

Dans tous les cas, soit qu'il s'agisse de curage ou d'endiguement, à moins que des usages locaux, ou d'anciens règlements antérieurs à la loi du 14 floréal an XI, ne prescrivent ces travaux, les préfets doivent se borner à prendre les mesures d'urgence, pour les cas de péril en la demeure; mais c'est à l'administration centrale seule qu'il appartient de provoquer les règlements d'administration publique qui peuvent légalement prescrire les opérations de curage ou d'endiguement, qui sont reconnues utiles pour sauvegarder la salubrité publique, et préserver les propriétes riveraines des inondations. Du reste, il est évident que la destruction totale des étangs nuisibles, et l'application directe du décret de 1792, sont la sanction pénale des mesures de curage qui seraient prescrites. Quant aux mesures d'endiguement, si elles étaient générales à toute une contrée, il est évident que les propriétaires d'étangs ne pourraient, en les détruisant, se soustraire à la part contributive qu'ils auraient à payer dans la mesure des intérêts que protégeraient les travaux d'endiguement, reconnus nécessaires par le gouvernement.

38. Les longs développements, dans lesquels nous sommes entrés, sont de nature à diriger les administrations municipales et départementales, dans la mission, toute d'humanité, que leur impose le décret des 11-19 septembre 1792, sur la destruction des étangs insalubres et nuisibles par les inondations. Mais il ne suffit pas de éparer le mal existant, il faut surtout le prévenir autant que pos-

sible; or, le décret du 15 octobre 1810, sur les ateliers dangereux, insalubres et incommodes, offre un moyen efficace de prévenir tout établissement d'étang dans des conditions nuisibles à la salubrité publique. Nous l'avons déjà dit, l'administration a bien classé parmi les établissements insalubres de première classe les routoirs, qui l'empêcherait donc de provoquer un règlement d'administration publique comprenant également l'établissement des étangs parmi les ateliers insalubres?

Comme le service de la salubrité publique appartient, aujourd'hui, au ministère de l'agriculture et du commerce, tandis que les travaux destinés à préserver les terres des inondations ressortissent surtout au département des travaux publics, il serait nécessaire que ces deux départements ministériels se concertassent, pour régler l'instruction à suivre au double point de vue de la salubrité publique et de la défense des terres contre les inondations.

Pour compléter les instructions destinées à prévenir le rétablissement d'étangs dangereux, par leur insalubrité, ou par les inondations qu'ils peuvent occasionner, il nous reste à parler des mesures de conservation que doit prendre l'administration.

Or, il est une disposition absolue et générale que doit prendre l'autorité dans tous les cas où elle applique le décret des 11-19 septembre 1792, c'est de défendre expressément à tous les détenteurs des étangs desséchés de jamais les remettre en eau. Puis l'autorité a une mission spéciale de police à exercer, dans le but d'assurer, par d'exacts curages, le libre écoulement des eaux. Dès lors, il est certain que, en cas de négligence du propriétaire, on peut avoir recours à la loi du 14 floréal an XI, et que des mesures d'urgence peuvent être prises par les préfets.

Quant à la répression des contraventions, il faut distinguer d'abord le cas où la loi de 1792 a été seule appliquée, et le cas où il a fallu recourir à une déclaration d'utilité publique, à l'effet de faire ouvrir des fossés et canaux d'écoulement à travers les propriétés inférieures.

Dans le premier cas, le propriétaire de l'étang, qui contrevient à l'arrêté de suppression, se rend passible des peines portées par l'article 471, n° 15, du Code pénal. Si, de plus, il y avait destruction et dégradation de fossés et ouvrages, construits par ordre de l'autorité, pour assurer l'écoulement des eaux, l'article 257 du Code pénal pourrait devenir applicable, et le contrevenant serait passible d'un emprisonnement d'un mois à deux ans et d'une amende de cent à cinq cents francs.

Les tiers coupables de dégradation du même genre encourraient les mêmes peines; les simples dommages occasionnés par la divagation des animaux sont également réprimés des peines des contraventions de simple police; mais, indépendamment de ces actions pénales, intentées par le ministère public, des actions civiles en réparation du dommage peuvent être introduites en justice de paix, par le propriétaire de l'ancien étang desséché, pour obtenir la réparation des dégradations commises sur les canaux et fossés.

Dans le second cas, la déclaration d'utilité publique à laquelle on a eu recours, prouve que la destruction de l'étang insalubre constitue un véritable dessèchement, et l'article 27 de la loi du 16 septembre 1807 est applicable; or, cet article est ainsi conçu :

« La conservation des travaux de dessèchement..... est commise « à l'administration publique. Toutes réparations et dommages se« ront poursuivis, par la voie administrative, comme pour les objets « de grande voirie. Les délits seront poursuivis par les voies ordi« naires, soit devant les tribunaux de police correctionnelle, soit « devant les cours criminelles, en raison des cas. »

Dès lors, la réparation des dommages causés aux travaux destinés à assurer le libre écoulement des eaux, sera poursuivie devant le conseil de préfecture comme en matière de grande voirie.

Ajoutons enfin que, dès que la destruction d'un étang est prononcée, les dispositions de l'article 558 du Code civil, qui fixent d'une manière invariable l'étendue de l'étang, d'après la hauteur de la retenue, cessent d'être applicables; dès lors la vigilance des propriétaires, soit de l'étang desséché, soit des terrains voisins, doit être éveillée; les empiétements en deçà ou au delà de la limite fixée par la hauteur de la retenue peuvent constituer des actes utiles de possession et servir de base à la prescription ; tandis que pour les étangs en eau, leur limite est tracée d'une manière invariable et imprescriptible, que l'eau s'élève ou s'abaisse, par la hauteur légalement fixée de leur déversoir.

Ainsi l'administration est armée suffisamment, soit pour réprimer les calamités publiques résultant de l'insalubrité et des inondations des étangs, soit pour conserver le libre écoulement des eaux d'étangs desséchés, soit pour empêcher de les remettre en eau, soit enfin pour prévenir l'établissement d'étangs nouveaux, qui, créés dans de mauvaises conditions, pourraient devenir de nouveaux foyers d'infection ou causer de nouvelles inondations.

39. Pour compléter l'examen des questions importantes qui se rattachent à la destruction des étangs, il nous reste à examiner rapidement quels sont, au point de vue économique, les avantages, les inconvénients et les dificultés qui se rattachent à ces opérations.

Les étangs les plus insalubres sont ceux qui, précisément, ont le sol le plus riche et le plus fertile. Les étangs vaseux, dans lesquels les matières végétales s'amassent et se décomposent, sont les plus infects, et ce sont ceux dont la destruction serait le plus profitable, au point de vue de la prospérité agricole. La société d'agriculture de Loir-et-Cher disait dans une délibération de 1838 : « C'est de cette « classe d'étangs que la loi du 11 septembre 1792, toujours en vi« gueur, permet à l'administration départementale de poursuivre

« la destruction ; c'est de ceux-là seulement qu'il serait véritable-
« ment utile d'opérer le dessèchement, même contre le gré des
« propriétaires. » Un auteur qui s'est occupé de la Bresse dit également que le terrain des étangs, formé de petits vallons, devrait être le meilleur du pays, étant, par sa position, destiné à recevoir l'humus qu'entraînent les pluies des fonds supérieurs ; il devrait donc former de bonnes prairies, car le sol n'en est point marécageux et la pente en est assez forte pour que, dans l'année d'assec, la masse d'eau qui tombe dans le pays, s'écoule toujours en moins de deux jours.

Les étangs produisent des poissons qui, aujourd'hui, dans l'intérieur des terres, approvisionnent seuls nos marchés; mais les chemins de fer vont imprimer une telle célérité aux transports que partout le poisson d'eau douce va bientôt se trouver en concurrence avec le poisson de mer dont la pêche peut se multiplier à peu près à l'infini. Outre le poisson, les étangs offrent-ils des avantages réels? ils ne fournissent qu'un pâturage maigre et peu substantiel, auquel on est obligé d'ajouter un supplément à l'écurie, même en saison abondante; et encore n'offrent-ils cette faible alimentation que pendant six semaines ou deux mois, au printemps, et pendant un temps à peu près égal au mois de septembre, au retour des fraîcheurs, lorsque la brouille (*testuca fluitans*) pousse ou renouvelle ses tiges sur les bords des étangs mis à sec pendant les chaleurs.

Pendant l'année d'assec, les moissonneurs, pour faire la récolte et la battre, emportent un cinquième de la production en grains; les uns y puisent des fièvres qui, au retour dans leurs montagnes, les font périr, ou qui les minent lentement et finissent par les tuer vingt, trente et quarante ans avant le temps. Dans les pays d'étangs, ce n'est pas l'homme qui se nourrit de poissons, c'est le poisson, on peut le dire avec une effrayante vérité, qui se nourrit de chair humaine; les émanations pestilentielles des étangs ne moissonnent pas seulement les hommes, elles s'attaquent aussi aux bestiaux. Les moutons ne peuvent passer six mois dans un pays d'étangs sans être atteints de la pourriture; dans les années humides les jeunes élèves des bêtes à corne sont atteintes de douves au foie, et en Bresse on voit de gros bœufs venus de la Suisse languir d'abord et périr ensuite au milieu de ces plages inhospitalières.

Les pays d'étangs n'ont pas de prairies, et généralement il leur manque plus de moitié de la production en combustible et en bois de construction, nécessaire à une population ordinaire du reste de la France.

On a donc un avantage réel, très-notable, à détruire les étangs les plus insalubres, et dont le poisson généralement sent la vase, afin de les convertir en prairies ou en terres arables.

Sur ce point, nous pouvons citer l'expérience qui a été faite dans une famille à laquelle nous nous sommes allié. Les étangs de

Lanoy (Somme) étaient renommés pour la bonne qualité de leurs poissons ; ils étaient alimentés par des eaux vives ; cependant en été ils répandaient des fièvres. Le propriétaire avait, dans l'origine, repoussé comme impossibles, toutes les mesures administratives qui tendaient à lui prescrire le dessèchement de ses étangs, et il avait fait plaider, au district de Montdidier, que : « les lois de l'Assem-« blée législative et de la Convention n'avaient pu prétendre chan-« ger le système hydraulique créé par la main de la nature. »

Cependant, après le partage de la terre de Lanoy, un des fils, au lot duquel étaient échus les étangs, les fit dessécher et mettre en culture de jardinage ; le revenu a été immédiatement plus que quadruplé. On a loué 100 francs le journal, ce qui ne rapportait que 20 ou 24 francs (le journal, dans cette partie de la Picardie, a 65 ares).

40. Si les étangs les plus insalubres peuvent devenir les meilleures prairies, les terres arables les plus fertiles des contrées dont aujourd'hui elles déciment la population, ce n'est pas sans des dépenses considérables, sans des travaux longs et difficiles qu'on peut atteindre ce résultat.

En effet, dans les provinces les plus couvertes d'étangs il faut, avant de les détruire, songer à construire des bâtiments pour loger les fermiers, métayers et cultivateurs, pour abriter les animaux qui doivent être attachés aux cultures et pour engranger les récoltes ; mais il faut pour cela des mises de fonds considérables qu'il est à peu près impossible aux propriétaires actuels de se procurer ; les cultures ne doivent pas s'opérer, là, sans être dirigées par d'habiles agriculteurs ; il faut corriger la nature du sol argileux par le mélange de la marne et de la chaux. La culture a à rompre un obstacle réel, le beton des étangs, c'est-à-dire la couche aujourd'hui à peu près imperméable que le poids des eaux presse et tasse depuis des siècles. Après que les cultures auront ameubli et rendu plus légères les couches supérieures, il faudra peut-être avoir recours aux opérations de drainage, pratiquées si utilement en Angleterre, et que quelques cultivateurs éclairés ont su heureusement naturaliser en France.

Or, tous ces travaux demandent des avances considérables, avances dont les agriculteurs sont, il est vrai, largement payés ; mais il faut avoir les fonds nécessaires, à peine de voir des terres à peu près incultes remplacer les étangs actuels. Négliger toutes ces améliorations, ce serait à la vérité notablement diminuer les causes d'insalubrité, mais ce serait aussi diminuer la richesse publique et privée, tandis qu'avec des avances suffisantes on peut, et faire disparaître l'insalubrité, et doubler, tripler et même quadrupler la valeur des contrées aujourd'hui en étangs.

Ces réflexions montreront aux administrateurs avec quelle mesure, avec quelle prudence, surtout dans les grands centres d'étangs, on doit appliquer le décret des 11-19 septembre 1792.

41. D'après ce que nous venons d'exposer bien brièvement au paragraphe précédent, on comprend facilement, que si, lorsqu'il s'est agi de prononcer, au point de vue du droit privé, entre les propriétaires d'étangs et les usagers ayant des droits de servitude ou de jouissance assis sur ces étangs, nous avons dû nous rattacher à ce principe, que la suppression d'un étang, par application du décret de 1792, n'est que la destruction d'un foyer d'infection ou d'une source d'inondations dangereuses, ce qui laisse entière la responsabilité du propriétaire du fonds de l'étang ; maintenant, qu'il s'agit d'examiner l'opération au point de vue de l'intérêt général, entre le propriétaire et le gouvernement, nous n'hésitons pas à demander pour ce propriétaire toutes les faveurs qu'il est raisonnablement possible de lui accorder ; car l'œuvre qui lui est imposée est utile et favorable, soit à la salubrité publique, soit à la prospérité agricole du pays. Or, dans l'état actuel de la législation, les faveurs attachées à ces genres de travaux sont bien peu de chose. Aux termes de l'art. 111 de la loi du 3 frimaire an VII, la cotisation des marais desséchés ne peut être augmentée pendant les vingt cinq années qui suivent le dessèchement. On demande si cette disposition est applicable aux étangs desséchés, détruits et mis en culture, soit volontairement, soit par application de la loi de 1792.

L'administration des finances n'hésite pas à appliquer l'exemption; mais on peut répondre que cette administration est désintéressée dans la question, car la charge dont les étangs desséchés sont exonérés, retombe sur le surplus des autres propriétés de la commune dont la cotisation est augmentée; cela prouve, en tout cas, que, d'après le jugement impartial d'une administration éclairée, l'article 111 de la loi du 3 frimaire an VII doit être appliqué d'une manière large à tous les dessèchements de terrains inondés, sur lesquels on est obligé d'exécuter certains travaux, pour donner écoulement aux eaux, et dont la transformation contribue à la salubrité publique.

La doctrine suivie par l'administration des contributions directes a été attaquée devant le conseil d'Etat par la commune de Baugy, qui se plaignait de l'exemption accordée au sieur Arnaud, propriétaire de l'étang desséché de Pouligny (Cher). Le pourvoi de la commune a été déclaré non recevable comme étant tardif, et l'arrêté du conseil de préfecture du Cher a été maintenu. (*V. le Recueil des arrêts du Conseil*, t. VII, 2e série, p. 507, 4 décembre 1837. *Commune de Baugy contre Arnaud*) ; mais depuis, la commune, qui en avait le droit, n'a pas renouvelé sa réclamation et la question n'a pas été jugée au fond.

En 1847, l'administration des contributions directes préparait un projet de loi qui devait modifier la loi de l'an VII, d'une manière plus libérale et plus juste. Les terrains desséchés, étangs et marais, devaient être exemptés de toute contribution pendant 25 ans ;

mais c'était le trésor public qui en supportait les conséquences, les contigents communaux et départementaux devant subir une réduction immédiate du montant actuel des impositions assises sur les marais et sur les étangs desséchés. Par une disposition expresse, le projet de loi élaboré dans les bureaux de l'administration obligeait les propriétaires d'étangs à restituer au trésor public tous les impôts dont ils avaient été exemptés, au cas où ils viendraient à remettre ces étangs en eau. Enfin, au bout du délai de faveur c'était le trésor qui, ayant supporté l'exemption, devait, par une juste réciprocité, profiter de l'augmentation des valeurs imposables.

Ce projet constituait évidemment une amélioration sur l'état de choses actuel ; mais au point de vue de l'économie politique, ne vaut-il pas mieux entrer dans la voie que l'Angleterre nous a indiquée, pour le drainage des terres? Un bill du 23 août 1846 a autorisé la Trésorerie à faire des avances aux particuliers jusqu'à concurrence de 2,000,000 sterling pour l'Angleterre, et 1,000,000 sterling pour l'Irlande, à l'effet de favoriser le drainage des terres, c'est donc, au total, un premier crédit de 75,000,000 de francs mis à la disposition de l'agriculture.

Un second bill du 30 mars 1847 a admis aux bénéfices du bill précédent, toutes les entreprises touchant l'utilisation des cours d'eau; et enfin un troisième bill, du 22 juillet 1848, a mis à la disposition des commissaires du drainage une nouvelle somme de trois millions sterling. Par là, le gouvernement anglais a porté à la somme totale de 150,000,000 de francs les avances que la trésorerie est autorisée à faire aux particuliers, pour les employer en améliorations agricoles.

A notre sens, il y aurait un grand avantage, et pour les propriétaires d'étangs et pour le trésor lui-même, à combiner ensemble le système des prêts anglais et le projet d'exemption, élaboré en 1847, par l'administration française des contributions directes.

En effet, ce qui arrête les améliorations agricoles que les détenteurs d'étangs seraient disposés à entreprendre volontairement, ce qui pendant longtemps entravera l'application du décret de 1792, c'est le manque des capitaux, nécessaires aux avances qu'entraîne la mise en culture, libre ou forcée, des étangs ; or, d'une part, la promesse d'exemption d'impôts pendant 25 ans ne fournit pas les capitaux manquants; un prêt, une avance à intérêt modéré remplirait bien mieux le but qu'on se propose; et d'autre part, si l'on examine attentivement l'opération financière, faite par le trésor public, en calculant l'intérêt composé des ressources dont l'Etat se prive pendant 25 ans, on voit bientôt que l'Etat fait au point de vue financier une opération détestable, et qu'il vaudrait bien mieux pour lui faire un avance environ de moitié des frais de premier établissement des cultures, en exigeant un intérêt à peu près proportionnel à celui auquel il emprunte lui-même, sauf à demander le payement des impôts qui lui sont dus, à l'expiration des délais dans lesquels la mise en culture et l'exploitation doivent être parfaites. Sous l'influence de ce mode de procéder, il se ferait bien plus de desséchements de marais, et les propriétaires d'étangs seraient les premiers à demander l'application du décret des 11-19 septembre 1792, dont la stricte exécution, sans l'amélioration du régime hypothécaire si désirée, et sans un mode quelconque d'avance aux entrepreneurs de desséchements, pourrait peut-être entraîner la ruine des propriétaires d'étangs, la salubrité publique restant compromise, par l'imperfection des destructions ordonnées administrativement, en exécution du décret dont nous nous occupons.

42. Ce n'est pas ici le lieu de démontrer mathématiquement les propositions économiques que nous n'avons dû qu'énoncer brièvement; mais, nous devons le dire bien haut, il n'est qu'un moyen de permettre au trésor public d'entrer dans les voies d'amélioration que nous venons de signaler, c'est que l'ordre renaisse; c'est que les hommes qui se posent en régénérateurs de la société, consentent à la laisser vivre pour l'améliorer ensuite, et qu'ils cessent de conspirer sa ruine en prostituant les préceptes de fraternité et de charité donnés par la religion chrétienne, principes sacrés, qui ne sont dans leurs mains que des armes pour attaquer la famille et la propriété, ces deux bases fondamentales de l'ordre social.

Afin de hâter la guérison d'esprits malades, dont les rêves creux ne peuvent enfanter que désastres et misères, il faut que tous les bons citoyens, chacun dans sa spécialité, étudient sérieusement et scrupuleusement quelles sont les améliorations réelles qu'il est utile d'apporter dans les lois, dans les règlements administratifs, et surtout dans les habitudes et dans les mœurs de la France, afin de venir utilement au secours de ceux qui souffrent.

C'est sous l'influence de ces pensées que nous avons entrepris et achevé ce petit travail, dont le but a été de faciliter à l'administration l'application d'une mesure de salubrité publique longtemps négligée, mais dont l'emploi sage et ferme peut sauver la vie à des centaines d'habitants de nos campagnes, et doit améliorer l'état sanitaire de plusieurs milliers de Français.

L'humanité et la prospérité agricole du pays sont également intéressés à cette question ; il était de notre devoir de chercher à indiquer le moyen de vaincre les obstacles que peut rencontrer le décret de 1792, de dissiper les doutes et d'éclairer les difficultés qui entourent cette loi protectrice des intérêts les plus sacrés, confiés à la vigilance du gouvernement.

Nous avons pensé que c'était surtout au lendemain des grandes commotions politiques qu'il était nécessaire de s'occuper, avec la plus grande vigilance, de la salubrité des campagnes; car les révolutions ébranlent le crédit, tuent, ou du moins paralysent l'industrie, et c'est vers l'agriculture que les populations et les gouvernements doivent reporter leurs efforts. Pour nous, c'est en travaillant à améliorer la salubrité publique que nous cherchons à amener la prospérité publique.

A. DE PISTOYE.

NOTA. Au moment où notre travail se publie, nous lisons dans le dernier numéro des *Annales des ponts et chaussées*, un Mémoire de M. de Saint-Venant, ingénieur en chef, sur la conservation et l'assainissement des étangs. Ce Mémoire suffit, à lui seul, pour justifier l'intervention de l'administration dans la police des étangs. En effet, M. de Saint-Venant, après avoir constaté, comme nous, que les vases mises à sec par les chaleurs, sur les bords des étangs, sont la cause la plus notoire de leur insalubrité, indique trois moyens de remédier au mal: 1° le déblai de la partie interne la plus marécageuse des bords des étangs, à l'effet de remblayer par là la partie externe qui, ainsi relevée, se trouve placée au-dessus des eaux; — 2° la division des terrains vaseux des bords des étangs, en petites levées établies perpendiculairement au centre, et boisées ensuite, le surplus des terrains aujourd'hui infects étant tenu au-dessous de l'eau; — 3° l'établissement d'une digue de ceinture avec contre-fossé extérieur, à l'effet de resserrer les eaux de l'étang, et dessécher d'une manière complète la partie des bords qui, aujourd'hui, sont marécageux.

Le premier mode de procéder est le plus dispendieux, chaque hectare de terrain ainsi desséché doit, d'après M. de Saint-Venant, coûter 1,330 fr.; le second moyen est évalué à 888 fr. l'hectare; enfin l'établissement des digues coûterait environ 730 fr. Nous n'avons pas à discuter ces chiffres, mais nous trouvons l'établissement de digues de ceinture parfaitement suffisant pour resserrer les eaux, dessécher les bords des étangs, et prévenir les miasmes qui s'échappent de vastes plages marécageuses et infectes. Les moyens les moins coûteux sont ceux qu'il sera le plus facile de faire adopter par les propriétaires; à ce titre, ils nous paraissent les meilleurs. Nous sommes surpris que M. de Saint-Venant ne soit pas le premier à réclamer l'intervention de l'administration sur la police des étangs.

Pour nous, nous persistons à demander à l'autorité publique d'assurer la salubrité des étangs, sauf à elle à n'en ordonner la destruction absolue que lorsque les travaux d'assainissement indiqués par les ingénieurs, et approuvés par l'administration, auront été refusés par les détenteurs d'étangs insalubres. C'est ce qu'indique déjà le n° 37 de notre travail.

Paris, le 8 juillet 1849.

Paris. — PAUL DUPONT.

PARIS, IMP. DE PAUL DUPONT.

www.ingramcontent.com/pod-product-compliance
Ingram Content Group UK Ltd.
Pitfield, Milton Keynes, MK11 3LW, UK
UKHW032003260826
14628UKWH00005B/2253